鑑真大師

東征和尚

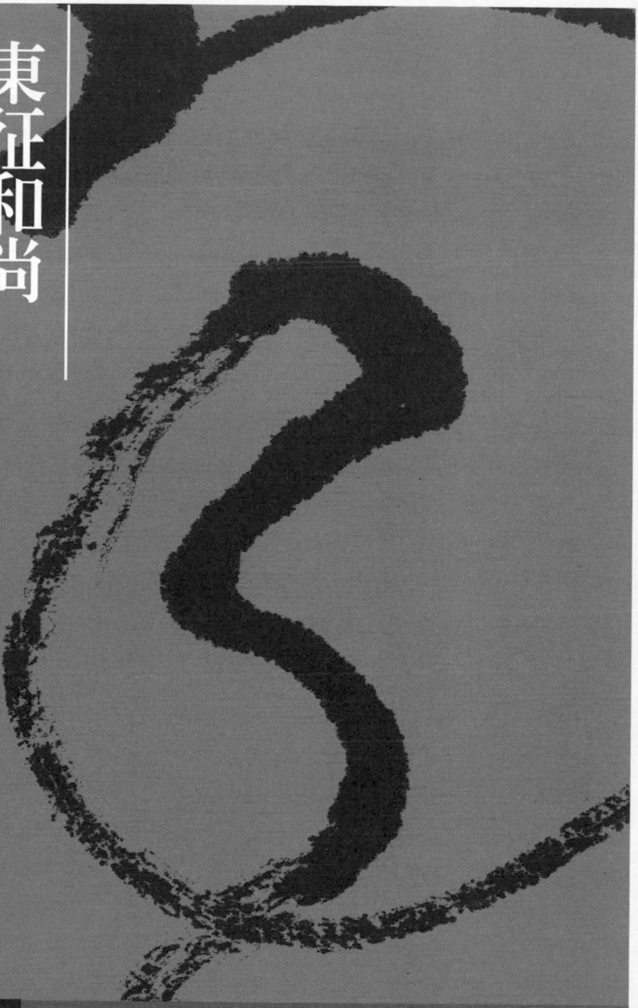

高僧小說系列｜精選

周姚萍　著◆劉建志　繪

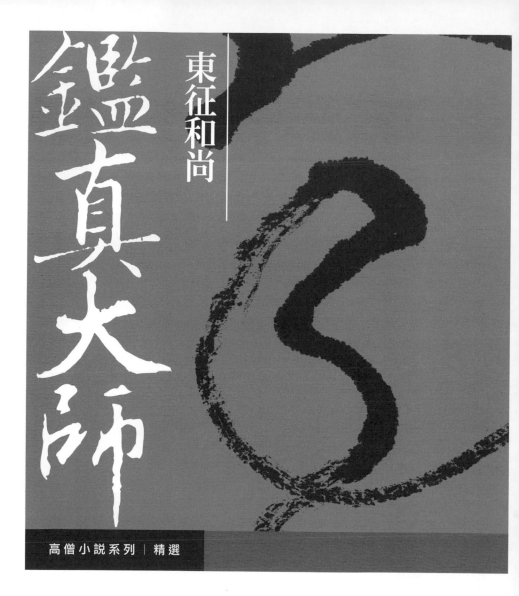

智慧與慈悲的分享

聖嚴法師

小說，是通過文學的筆觸，以說故事的方式，表現人性之美，所以稱為文藝作品。它可以是寫實的，也可以是虛構的，但它必定是與人心相應，才會獲得讀者的喜愛與共鳴。

高僧的傳記，是眞有其人、實有其事的眞實故事，也是通過文字的技巧，以敍述介紹的方式，將高僧的行誼，呈現在讀者的眼前，也是屬於文學類的作品，只是缺少小說那樣戲劇性的氣氛。

高僧的傳記，以現代人白話文體，加上小說的表現手法，那就顯得特別生動而富於趣味化了。我從小喜歡文學作品的原因，是佩服它有高度的說服力，並且能使讀者印象深刻，歷久不忘，並且認為高深的佛法，經過文學的表現，就能普及民間，深入民心，達成化世導俗的效果。我們發現諸多佛經的體裁，是用小品散文、長短篇小說，以及長短篇的詩偈寫成的。

近代已有人用白話文翻譯佛經，也有人以語體文重寫高僧傳記，但尚未有人以小說及童話的方式來重寫高僧傳記。故在《大藏經》中雖藏有極豐富的歷代高僧傳記資料，市面上卻很難見到。我們的法鼓文化事業股份有限公司，爲了使得故典的原文很容易地被現代的讀者接受，尤其容易讓青少年們喜愛，而從高僧傳記之中，分享到他們的智慧及慈悲，所以經過兩年多的策畫運作，推出一套「高僧小說系列」的叢書，選出四十位高僧的傳記，邀請到當代老、中、青三代的兒童文學作家群，根據史傳資料，用他們的生花妙筆、豐富的感情、敏銳的想像，加上電影蒙太奇的剪接技巧，以現代小說的形式，生動活潑地呈現到讀者的面前。這使得歷史上的高僧群，都回到我們現代人的生活中來，陪伴著我們，給我們智慧，給我們安慰，給我們健康，給我們平安。

這套叢書的主要對象是青少年，但它是屬於一切人的，是超越於年齡層次的佛教讀物。

我要在此感謝參與這套叢書編寫出版的全體工作人員，包括編者、作者、畫家、審核者、校對者、發行者，由於他們的努力，才能有這項成果奉獻在廣大的讀者之前。也請諸方先進和所有的讀者，多給我們鼓勵和指教。

一九九五年四月八日晨

序於台北法鼓山農禪寺

推薦序

人生要通往哪裡？

蔡志忠

「只有死掉的魚，才隨波逐流！」

人生是件簡單的事，是我們自己把它弄得很複雜的。

魚從來都不思考：

「水是什麼？

水爲何要流？

水爲何不流？」

這些無謂的問題。

魚只有一個最簡單的問題：

「我要不要游？
如何游？
游到哪裡？
游到那裡做什麼？」
人常自陷於無明的憂鬱深淵，無法跳脫出來。
人也常走進一條沒有出口的道路，
才發現原來這根本不是自己的人生之道。
兩千五百年前，佛陀原本也自陷於
人生的痛苦深淵……，經過六年的
修行思考，佛陀終於覺悟出：
「什麼是苦？
苦形成的次第過程？
如何消滅苦？
通往無苦的解脫自在之道。」

這也就是苦生、苦滅，一切因緣生的「三法印」、「緣起法」、「四聖諦」、「八正道」，所有攸關於人產生煩惱痛苦的原因和達到解脫、自在、清淨境界、彼岸之道的修行方法。

佛陀在世時，傳法四十五年，佛滅度後，佛陀的思想由他的弟子們傳承到後世，成爲今天的佛教。在佛教的發展過程中，留下了許多動人的高僧故事。

除了《景德傳燈錄》記載著所有禪宗各支歷代高僧學佛得道的故事之外，《大藏經》五十卷的〈高僧傳〉、〈續高僧傳〉裡也記載很多歷代大師傳記典故；此外，還有印度、西藏、日本等地大師的故事。通過閱讀過去大德諸賢的故事，可以讓我們對人生的迷惘問題得到啓發。

胡適說：

「宗教要傳播得遠，

佛理要說得明白清楚，

都不能不靠白話來推廣。」

這套高僧小說也繼承這使命，以小說的方式講述高僧的故事。讓讀者能透過這些歷代高僧的故事，得以啓發人生大道。相信做為一個中華民族的後代，身在儒、釋、道思想的傳統文化背景下，如能透過高僧小說多了解佛教思想，對自己未來人生之路的導引和思考，必定能獲得很大的益助。

自序

沉穩如磐石的允諾

看過一個小故事，是有關英國作家吉卜林的。他曾榮獲諾貝爾文學獎，當他到瑞典領獎時，有許多人趕往他所住的旅館看他，他曾答應其中一位年輕人，要送給他某本著作。吉卜林離開瑞典，果然依照約定，很快將書寄給年輕人。

讀到這樣的故事，覺得很感動；一個大作家在繁忙的事務、行程中，卻能如此珍視一個年輕人的期盼與等待。信守，使得一句輕如塵埃的允諾，變得重如珍寶，想必也豐富、明亮了那位年輕人的心。

一直記得這個小故事。然而，當我爲了寫「鑑眞大師」的傳記，開始閱讀有關大師的種種資料，大師的信守承諾，給我的不只是感動，而是撼動了。他的允諾眞是沉穩如磐石呀！爲了讓日本國的人們能夠循著正法修習佛道，他答應日本留學僧，前往他們的國家，宣揚佛法的根本——戒律。這樣一句承諾，讓他先後渡海六次，花費了十多年的時間，歷經許多艱難險阻，甚至兩眼失明，最後，才踏上日本的土地。而在整個過程中，大師從來沒有退卻，也沒有後悔。

是什麼樣的力量，支撐著大師一路行去呢？我想，是愛吧！一種對人世的大愛！當他想到，東洋的許多百姓渴慕佛法的清淨自在，卻不得其門而入，他就覺得儘管烈火灼燙，也要燃燒自己，用全身的光亮，爲他們照出一條明路。

很多人以爲，學佛出家是一種逃避世俗的做法，然而，事實正好相反；了解佛法眞正義涵的人，在參悟人生的無常，超越了人世的困頓後，還要把自己投身人世，希望有更多更多的人，同樣因著佛法而有了更豐沛安然的生活。

喜歡一句話：「無緣大慈，同體大悲。」這就是佛教最動人之處吧！

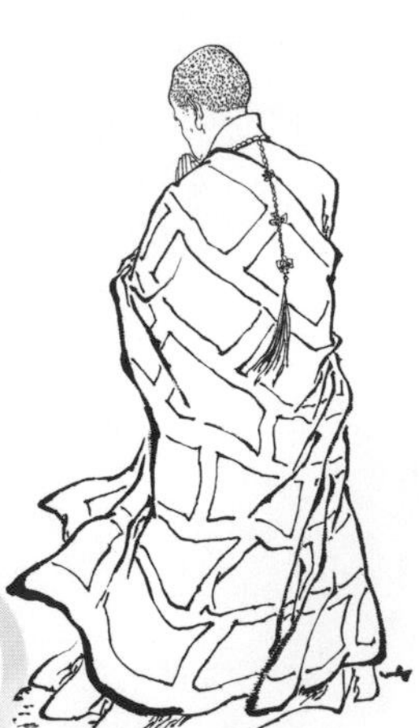

佛學視窗

01

陰謀的肇端

這天，位於揚州的既濟寺，有著和以前很不相同的景象，許多僧人肩上挑著竹簍，在寺前的石階上來來往往。

兩個沙彌❶累得一身汗水、手乏腳軟，於是暫時放下竹簍，坐在樹下的大石頭上休息。

年紀較小的那位沙彌把衣袖當成扇子揮動著，一邊說道：「師兄，聽說我們運的這些米糧，是大師爲了東渡日本而準備的？」

「是啊！大師要到日本傳揚佛法。坐船去那兒也不知道要多久，自然要多備辦一些糧食。」年紀較長的那位沙彌一副很了解的模樣。

小沙彌臉上的表情有些驚怪，問道：「坐船？那不是很危險？大師年紀那麼大了……，怎麼受得了風浪顛簸呢？而且水路一向危險哪……。」

這年是唐朝天寶二年（西元七四三年），兩位沙彌談話中所指的大師——鑑眞，已五十六歲了。

當時在江淮一帶，談到對戒律研究很深，又能嚴守實踐的律師❷，只有鑑眞大師一個人。所以，日本派遣到唐朝的僧人榮叡和普照，在天寶元年，竭誠

邀請大師到他們那裡傳戒。大師早就聽說了日本國的一些主政者，對佛法的推廣不遺餘力，卻缺少「傳戒制度」，也沒有人宣揚戒律。然而，戒律是佛教的根本；一個佛教徒要是沒有經過受戒的儀式，不力行戒條上的規定，也就很難循序漸進地深入佛法。

在普照與榮叡提出請求後，大師詢問弟子們，有沒有人願意跟隨他到日本國傳戒，結果沒有人敢答應。弟子祥彥更說，日本國非常遙遠，大海又暗藏危險，恐怕很難保全性命到達目的地。大師當時立刻決定，既然大家都不願意前往，那麼，他將義無反顧地獨自到日本國去。大師宣告了自己的決定，並堅定地表示，爲了佛法的興盛，生命並不值得顧慮。這一番話感召了祥彥等二十一名弟子，願意追隨而去。

＊＊＊

鑑眞大師是揚州人，複姓淳于，出生於唐武后垂拱四年（西元六八八

年）。十四歲的時候，隨著父親到揚州的大雲寺去禮佛，一進寺裡，那寧靜而莊嚴的氣氛，使他心中充滿了歡喜與崇敬。特別是殿上的佛像，更令他不由自主、目不轉睛地瞻仰了許久，於是在禮佛之後，他請求父親讓他出家為僧。他的父親非常詫異，但由於看這孩子的模樣十分真誠，又處處顯露出與佛教很有緣分，便答應了這項請求。

不久，鑑眞就成為大雲寺內的小沙彌，跟隨智滿禪師學習。

智滿禪師在禪理上的造詣很深，鑑眞在他的指導下，一天一天地進步。但是，智滿禪師一直認為學佛應該從戒律著手，基礎才能穩固確實；因此，三年之後，他將鑑眞送到道岸律師那裡求戒、學律。

智滿禪師長時間定居在一個地方，以摒除俗世的各種干擾來修行；道岸律師則四處遊歷，宣揚律法，兩位大師可以說是一動一靜。而大師在他們的教誨熏陶下，便具備了雙方的優點。

到了中宗景龍元年（西元七〇七年），皇帝下詔宣道岸律師到京城洛陽，鑑眞也跟著前往。首都氣象萬千、人文薈萃，讓他的胸襟和眼界開闊許多。次年，鑑眞又到長安，由弘景律師授予具足大戒❸。從此，他就在長安、洛陽之間巡遊、學習，多年之後，回到故鄉揚州，在那裡展開弘法傳戒的工作，並成爲江淮一帶最知名的律師，四方的僧人、民眾都非常尊崇他。

* * *

當兩位沙彌坐在樹下休息、閒聊時，一位僧人由他們的背後悄悄地走近，並冷不防說道：「阿彌陀佛！別人都辛勤地搬運米糧，你們兩個竟在這兒偷懶！」

兩個沙彌嚇了一跳，然後轉頭一看，原來是高麗（今韓國）籍的僧人如海。

「我們才沒有偷懶呢！剛剛我們運糧運得好累，所以才坐下來休息一下。」年紀較小的那位沙彌爭辯道。

「這是跟長上說話應該有的態度嗎？」如海變了臉色。

「我又沒有怎麼樣，不過是把事實說出來罷了。」小沙彌嘟著嘴，還脫不了孩子脾氣。

如海一向肚量狹小，對後輩更是以嚴苛出名。他圓睜雙眼，話音裡盡是烈烈火氣，「好，你說你只是陳述事實，但是，你的態度呢？你的態度是這麼不恭敬……。」

「我……。」小沙彌還想辯解，卻被較年長的沙彌一把扯住衣袖，並以眼色制止。

「是我們不對，我們這就去幫忙。」年長的沙彌拉著小沙彌，擔起竹簍，快步離開了。

如海很不甘心，悄悄地跟在後頭，想抓住兩人偷懶的把柄，好趁機教訓教訓他們，以平息心中的怒火。

兩個沙彌沒想到如海會暗暗跟著他們。他們一邊走，小沙彌一邊叨念，「如海，如海，就是器量要像海一樣寬廣嘛！偏偏名字和實際一點也不符合，小氣、苛刻成這樣。」

「說得也是。難怪道航法師跟大師說，如海這個人品行不太好，不應該讓他一起到日本的！」

道航法師，是從長安大安國寺前來協助大師前往日本國的法師；他是宰相李林甫的哥哥李林宗的家僧，所以能藉由李林宗的權勢，順利地爲這次東渡造船、買糧。由於當時國家是禁止人民私自出國的，因此這些都是以前往天台山國清寺的名義來辦理。

「你說，道航法師說如海法師的不是？」小沙彌問。

「嗯！」年紀較長的沙彌點點頭，「不過，大師心胸寬厚，並不掛慮如海法師的缺點，反而說，就因爲如此，更該讓他出去多閱歷、多見識。嗯！我們也不應該老是看到別人的缺點。」

「你說的是有道理啦！但是要做到像大師那樣，實在太難了。」小沙彌皺著眉說道。

「的確很不容易，所以，我們才要持戒、修行啊！好了，快去工作吧！」年長的沙彌拍拍小沙彌的肩，兩人快步趕去搬運米糧。

一直跟在兩個沙彌後頭的如海，一聽到別人說他器量狹小、性情苛刻，氣得青筋暴突、眼冒星火、眼看就要衝到小沙彌跟前與他理論。不過，聽到年長的沙彌接著提到道航也說他的壞話，使他一下子停下腳步，並緊握拳頭，在心中狠狠咒罵著：「好一個道航！好一個道航！竟然向大師說我的壞話，不讓我去日本。現在好了，這些話必定一傳十、十傳百，弄得大家都知道，我還要怎麼待下去呢？」

如海踱著步子，一邊想到：「哼！道航，你讓我失去立足之地！我要你知道，我如海可不是好惹的，與我作對，不會有好下場的。道航啊道航，你等著瞧吧！」

此時，如海的臉上浮現出險惡而得意的笑容，一個讓人震驚的詭計，正在他的腦中成形，他由齒縫中迸出一句：「哼！一不作二不休……。」

❖註解❖

❶沙彌：初出家未受具足戒的男眾。

❷律師：對戒律學有專精的出家人，與現代處理法律問題的律師是完全不同的。

❸具足大戒：為比丘、比丘尼當受的戒，比丘二百五十戒，比丘尼三百四十八戒。

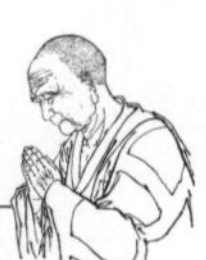

02 突來的搜捕

淮南採訪使❶的府衙前，一個戴著斗笠、平民打扮的男子懇求守衛，讓他見採訪使班景倩。

守門的小吏不耐煩地對那個男子說：「大人有許多公務，哪有時間一天到晚接見你們這些平民百姓？」

「官爺，請您就行個方便，通報一聲，我……。」那個男人靠近小吏身邊，壓低聲音說：「我有重大消息要稟報……。」

「唉呀！來求見的人，哪一個不是這麼說？」

「我眞的有重大事件要稟報，有人與海賊勾結，這關係到揚州城的百姓安危，如果不趕快告訴大人，後果不堪設想哪！」

「這……是眞的嗎？」小吏顯得有些狐疑。

「當然是眞的，而且我有確實的證據。」

「好吧！你等等，我這就去通報。」

採訪使一聽到小吏的稟報，十分震驚，立刻召見那個男子。

「你說與海賊勾結的人，究竟是誰？快說。」班景倩一見到密告者就問。

「是……，是一個法號道航的僧人。」
「僧人？僧人也會做出這種事？」
「大人，您不知道啊！道航是以僧人的身分作掩護，暗暗在既濟寺屯積米糧，製造船舶……，大人如果不相信，可以即刻派人去搜查，到時候就可以證明我所說的沒有半句假話。還有，與道航勾結的日本人也僞裝成留學僧，藏在開元寺和大明寺，而其他的黨羽大約有五百人，已經潛入揚州城了。」
「什麼！」班景倩怒聲喝道：「這……這……，簡直是無法無天！快！快說出那些僞裝成留學僧的海賊用的是什麼法號。」
「嗯！有……玄朗、玄法、普照，還有榮叡。」
班景倩十萬火急地派遣三批官兵，分別到既濟寺、開元寺、大明寺去搜查，並捉拿道航一干人。至於前來密報的那個男子，則被暫時扣押，等嫌疑犯押到，好做爲人證。
第一批官兵很快地趕到既濟寺，寺內不曾有過這種情形，僧人們顯得驚訝而慌亂。

「阿彌陀佛！不知諸位大德來到敝寺，有什麼事情？」一位比丘❷接到小沙彌的通報，趕緊出迎問道。

「什麼事？什麼事還要我點破嗎？你們應該清楚得很哪！大家給我搜。」官爺一聲大喝，士兵們紛紛衝入寺內。

「你們這是做什麼？」那位比丘叫道。

「做什麼？搜查罪證啊！」

「罪證？佛門清淨之地，哪來什麼罪證？」

「佛門清淨之地，哼！說的倒是好聽。」

不久，有一個士兵跑到官爺身邊，說：「找到了，找到了，一簍一簍的，全是米糧。」

那官爺環視站立在他周圍的僧人們，然後說：「那密報者說的果然是事實。」

當第一批官兵在既濟寺搜出大批乾糧的同時，第二批官兵也在開元寺，逮捕了玄朗和玄法兩位日本留學僧。

而第三批官兵亦到達大明寺，爲首的官爺帶頭走進寺裡。

大明寺內的一位沙彌，正在外頭灑掃，見到大批官府人員湧來，丟下掃帚，正要進去通報時，卻被官爺攔住。

「請問，寺內是不是有日本留學僧普照、榮叡二人？」官爺和顏悅色地問道。

小沙彌點點頭。

「那麼，是不是還有一位僧人叫作道航的？」

小沙彌又是一陣點頭。

「你不用怕。淮南採訪使班景倩大人，要傳這三位僧人去問話，麻煩你去請他們出來。」

這時，普照正好走到寺外，看到官兵環伺的肅殺場面，不免吃了一驚。

「發生了什麼事？」普照問小沙彌。

「他……他們要找您……。」

「找我？」

官爺聽到他們的對話，馬上向前詢問普照道：「您是……。」

「我是普照，你們找我有什麼事？」

「有人密報僧人道航與日本海賊相互勾結，又說您與榮叡兩位留學僧是海賊假扮的。所以，我前來帶您們回府衙，與密報者對質。」

「這……怎麼會呢？」普照不可置信地說道。

「只要您們和我一起回去，採訪使大人一定會秉公審理，不會冤枉好人的。」

「這……。」

官爺與普照談話的時候，一個正在樹叢中清掃落葉的小沙彌聽清楚了官兵的來意，便悄悄溜進寺內，很快地向榮叡及道航通告。

究竟是誰捏造虛情報官，兩人都感到十分疑惑。由於他們害怕一旦被官兵帶走，如果遇上昏官，就要平白受罪，於是便準備暫時避一避。

而普照這兒，因爲官爺怕他膽怯脫逃，因此以繩索將他綑綁，由士兵押在一旁等候。

「小師父，現在你能不能將榮叡及道航兩位僧人請來？」官爺又客氣地對小沙彌說。

「這……我……。啊！對了，他們不在寺內。對對對，他們不在寺內。」

「你不肯幫忙，我們只好用搜的了。」官爺看小沙彌眼神閃爍，便判斷他所說的是推託之辭。

「這……，他們眞的不在。」

「好，那也只有冒犯了。大家分頭搜查，但是，注意不能毀損寺中的物品，也不能得罪各位法師。」

「是。」士兵領命分頭去搜查。

一批士兵快步向庭園接近，此時，榮叡正準備穿越庭園，逃出大明寺。他聽到錯亂的腳步聲逼臨，心想大約逃不過這次劫難，突然，他一眼瞥見兩三步外的水池，情急之下，便急急躍入水中，屏住了氣息。

士兵們來到了庭園，爲首者吩咐道：「大家仔細搜查，假山、樹叢都可能

匿藏人犯。」

園中有幾個信徒祈願之後，正在賞玩花木，忽然看見一位僧人慌急地跳進水池中，感到十分奇怪，便群聚在池邊觀看。當官兵湧入後，他們則呆立著，不知道該怎麼辦才好？

「你們圍在這裡做什麼？」士兵問。

「有……有一位僧人不知怎麼搞的，跳進水池裡……。」

「啊！一定是潛逃的人犯。」

這時，水池中的榮叡已經耐不住地動了一下。

「快下去捉拿人犯！」兩位士兵跳入水中，合力將榮叡捉拿上岸。

至於道航雖然逃出大明寺，卻被三位士兵跟上了。他盡量東繞西彎，等確定擺脫三人的追捕，才拜託一戶人家讓他暫時藏身……。

❖註解❖

❶採訪使：唐朝的官名，擔任巡視各州、察訪善惡、考核諸道官員政績的特任官。

❷比丘：出家人中受過具足戒的男眾。

03

對簿公堂

普照等人被捕，道航又下落不明，大師知道消息之後，十分擔心；他一方面派人打探情形，另一方面在大殿上長跪，祈求佛菩薩保佑眾人的安全，直到做晚課❶的時間才停止祈願。

做完了晚課，大師回到僧房，和往常一樣拿起經書開始閱讀。他今天所讀的是《般若波羅蜜多心經》，當他讀到其中一段，不禁一再沉吟。那段經文是這樣的：

以無所得故，
菩提薩埵，
依般若波羅蜜多故，
心無罣礙；
無罣礙故，
無有恐怖，
遠離顛倒夢想，

究竟涅槃。

闔上經卷之後，大師心想：若是人們都能依照經文的引導，好好地修持自己，時時以「無我、無上、無私」的心境，看待娑婆世界❷裡的人、事、物，那就可以使得智慧逐漸開啓，煩惱、恐懼、妄想自然會逐漸斷絕，慢慢達到清淨自在的境界。

大師起身，走到窗前，望著外頭的景物，又想：佛教裡有許許多多像《心經》這樣的寶藏，閃耀著燦然的光華，能夠照亮人世間的黑暗，讓人們活得歡喜從容。但是，偏偏有很多人並沒有因緣接觸佛法，畢竟像自己或小沙彌們一樣十多歲就進入佛教領域，得以一步步領略其中眞、善、美的人，也著實是千萬塵沙中的少數啊！

大師不惜辛苦，不斷奔走於江淮各地，講律授戒，就是希望把佛法傳揚給眾人，引導他們經由正確的途徑，領略佛教的妙法。

而這回他決定前往日本，同樣是為了這個原因；在大師的心中，並沒有國籍、種族的分別，他堅信只要獲得適當的引導，人人都可以成佛。

「咚！咚！咚！」大師的房門響起了輕叩聲。

大師將房門打開。

一位大師的弟子站在門外，向他誠敬地問訊❸，並說：「師父，有道航法師的消息了。」

「他現在人在哪裡？」

「被官差捉走了。」

「被捉走了？」

「是的。聽說道航法師從寺裡逃出去時，就被三位官差跟上了。他盡量取道迂迴的小路，好不容易擺脫了追捕，當他向附近的民宅主人說明緣由，請求讓他暫時藏身時，沒想到，卻讓一位四處搜尋的官差撞見。官差大喝著衝向前擒拿法師，法師趕緊奔逃，但另外兩位官差已經聽到叫聲趕到，三人一下子把

法師包圍住……，這些都是民宅主人告訴我的。那位民宅主人心地很好，看見法師被捉走，就趕到寺裡來報信。」

大師點點頭，說：「有沒有向那位大德致謝？」

「有，已經謝過他了。師父，雖然法師被捉走，但請您不要太過擔心。」

「我相信採訪使班大人會秉公審理的。」大師微微笑道。

「我也是這麼認爲。我們造船、囤糧都是以前往天台國清寺的名義來辦理，應該不會出問題的。師父，那我不打擾您了。您請歇息吧！」僧人向大師行問訊禮之後便退下。

隔日，班景倩開堂審理這件案子。一干人犯都被帶到堂上，接著，證人也到達了，道航等人仔細審視證人，想知道到底是誰誣陷他們？可是，那證人戴著一頂大大的斗笠，將臉的大半部都遮住了，而且始終低著頭，根本看不清楚他的模樣。

「證人王火炎，把斗笠拿下，好好看看這些人是不是你所指稱的海賊？」

班景倩說道。

「這……，草民眼睛不好，怕見光……。」證人囁囁嚅嚅地開了口。

道航覺得這聲音很熟悉。

「公堂並不至於太亮呀！這樣吧！你把斗笠暫時拿下，靠近仔細看看，指證完畢之後再戴上斗笠。」班景倩說。

「這……我……。」證人拖拖拉拉的，在師爺的連聲催促下，才拿下斗笠。

證人一露出面貌，道航就驚呼道：「如海！」

班景倩看到證人竟然是個僧人，也不禁楞了一下，但他很快地拍案，要道航在沒有被問話的情況下，不可以開口。

「王火炎，之前你自稱是個百姓，實際上卻是個出家人。你爲什麼要這麼做？」

「我……我的確是個出家人，爲了揭發道航這一干人的惡行，才假扮成百姓模樣，免得在前來報官府的途中，被他們的黨羽發現了，而遭遇到什麼不

測……。」

「他胡說！」道航忍不住大叫。

班景倩再次重重地拍打桌案，接著對道航說：「道航，你說如海胡言亂語，那你倒說說爲什麼要造船、積糧？」

「大人，我是宰相李林甫之兄李林宗的家僧，受了李林宗的命令，來揚州和鑑眞大師會合，準備送功德到天台國清寺。因爲考慮到行走陸路太艱辛，所以決定取道海上。造船就是要當作交通工具，至於米糧，部分是供旅途上食用，其餘就是要致贈給國清寺的功德❹。」

「王火炎……，不……，如海，你對道航的陳述，有什麼話要說？」班景倩問。

「回大人。道航說的全是謊話，什麼要到國清寺去，不過是假藉名目來掩護罷了。大人，爲了海上的安寧、民眾的安危，您千萬不可以輕易相信賊人的說辭。」

「道航，你說李林宗命你送功德到國清寺，有證據嗎？」班景倩問。

「稟大人，我有李林宗所寫的兩封信，信中所說的就是這件事。」
「那麼，書信在你手上嗎？」
「在揚州糧官李湊那裡。我們造船和辦糧就是由他直接給予協助的。」
「好。今天的審理就到這裡結束，我會派人去糧官那裡詢問，並把書信帶過來。」
班景倩隨後宣布退堂，人犯和證人也暫時被收押。

❖ 註解 ❖

❶晚課：出家人每日需做早、晚課，內容包括唱誦經文、禮佛等。
❷娑婆世界：佛陀進行教化的現實世界，也就是我們所處的世界。
❸問訊：佛教徒合掌問候的禮節。
❹功德：指功能福德，是行善所獲得的果報。

04

渡海遇險

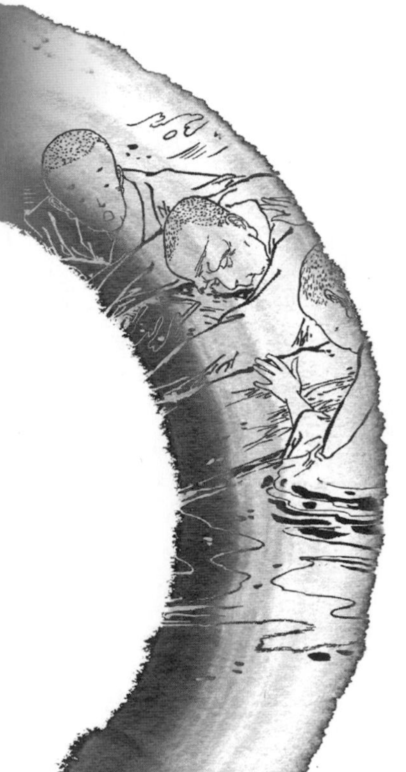

在糧官李湊那裡，果然有李林宗的書信兩封，上頭的內容與道航的供詞完全符合，班景倩便宣判如海因誣告而處以六十大板的責罰，除去僧人的身分，並遞解返回高麗。至於四位日本僧人的處置，在班景倩上報朝廷後許久，才得到命令，要將他們遣送回國；而前往國清寺一事，因爲海上不安寧，不適宜渡海，所以船隻充公，米糧和雜物則發還。第一次東渡也就這樣中斷了。

判決之後，玄朗和玄法就回國了，普照和榮叡仍留了下來，他們不肯放棄延請高僧到日本的計畫，可是官府宣判他們必須回國，眞教他們又焦心又憂慮，不知道該怎麼辦才好？

這天，榮叡與普照商議道：「我想，再去找鑑眞大師商量商量。如果我們就這樣回去了，日本佛法的興盛不知還要延滯多久……。」

「你說的是，我們這就到大明寺，請求鑑眞大師與我們一起回國。」

隨後，兩人暗暗趕到大明寺求見大師。

大師看到他們十分欣喜，頻頻問道：「這幾個月的牢獄生活，眞是辛苦了二位吧？」

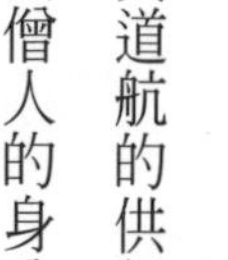

「我們並不怕苦，只要能達成延請高僧回國的心願，再大的苦也甘之如飴。」榮叡答道。

大師點點頭，「爲了佛法的傳揚，的確應該抱著『我不入地獄，誰入地獄』之心。」

「大師，我們還是希望您能夠跟我們一起回去，雖然有許許多多的困難，比如說眼前船隻就沒有著落，而重新打造新船既沒有時間，又缺乏經費……。」普照滿面愁容地說。

大師笑了笑，「我既然已經答應前往日本，就一定會做到，至於困難，可以一一想辦法來解決。若沒有時間造船可以買船，經費的話……，寺裡也應該還籌措得出來。」

榮叡和普照聽到大師篤定的回答，高懸的心才放了下來。

不久，他們向嶺南採訪使劉巨鱗買下了一艘軍船，雇了十八名船伕。又準備好糧食、經卷等物品，在天寶二年（西元七四三年）十二月出海航行。這是鑑眞大師第二次前往日本。

船啓航沒有多久，海浪起伏波動，在船艙中的大多數僧人，從未搭過船，因此難以適應，紛紛頭暈嘔吐。大師也感到不太舒服，面色略顯蒼白。

榮叡看到了這個情形，便對大師說：「大師，讓您受顛簸了。也許您到甲板上吹吹海風，這樣可能會舒服一點。」

於是，大師走出船艙，來到甲板。海上開闊的景色以及略帶鹹味的海風，果然使人暢快許多。

「要不是答應前往日本，我這一輩子恐怕無法領略海上風光與航行滋味了。雖然我始終來來去去，但是都限於陸地，山嶽的美是體會不少，也從其中印證了許多佛法大義，而大海，倒是第一次經歷。」大師對榮叡說道。

「大師不但不以航行爲苦，反而視爲一件樂事，這實在不是平常人做得到的。」榮叡欽佩地說。

「我是個再平常不過的人。就是因爲時時存著一顆平常心，才能在任何境況之下從容自得，融入眼前的每一瞬間，體會出無窮的喜樂。」

榮叡俯身拜道：「大師說的有道理，我會牢記這個教誨的。」

大師搖搖頭，「別談什麼教誨，還是看看大海的壯闊吧！」

當船隻行駛到狼溝埔時，沒想到風浪竟然轉爲又急又猛，使得船隻擺盪十分厲害。

儘管船伕們竭盡全力，想要維持航行正常，但是根本辦不到。最後，船隻就像一片落葉似地，在風浪中打轉、浮沉、漂蕩。

爲首的船伕看情況不太樂觀，急著跑去請僧人們警覺一些。

而普照也察覺情況不對勁，跑過來想詢問情形，兩人正好遇上了。

「阿彌陀佛！大德，這風浪……。」

普照才開口，爲首的船伕就打斷他，「這風浪非常險惡，船隻已經無法由人力控制。」

「那……。」

「大家要小心一點，船隻可能會……會翻覆……。」

「我這就去通知大家。」普照的話剛剛說完，接連幾個大浪襲來，使他差一點摔倒。

這時，另一個船伕在不遠處大喊：「船底破了一個大洞，海水灌了進來，船很快就要沉了。」

普照什麼也顧不得，趕緊衝進艙內，沒想到裡頭早已亂成一團。

「船進水了，船進水了！」普照慌張地發出警訊，這使得僧人們更亂了方寸。

「大家不要慌，愈慌只會愈糟。」大師也來到船艙，安撫著大家。

「對，不要慌。盡量找一些能夠漂浮的東西，萬一船沉了，性命還有保住的機會。」榮叡說道。

無情的風浪在船隻還未沉沒時，就把它打得支離破碎，僧人們和船伕、工匠全數落海。

有的人抓著斷裂的桅桿，有的人抱緊空木箱，有的人攀靠破損的船壁，在風浪中浮浮沉沉。榮叡和普照始終護持著大師，三人依附在一截斷木之上。

大師年紀大了，風浪的吹襲使他難以承受而昏厥過去。

榮叡發覺不對，趕緊大叫：「普照，抓緊大師的手！抓緊大師的手！」

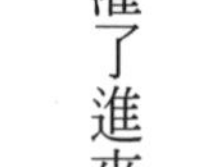

普照和榮叡兩人各以一隻手緊緊將大師穩在斷木上，免得失去知覺的大師被海浪衝走。

「榮叡，我已經沒有力氣了。」普照虛弱地說。

「不管怎麼樣，我們一定要撐住，大師的性命就握在我們的手中。」榮叡也是一副筋疲力竭的模樣，卻十分堅定地說道。

「這風浪什麼時候才會平息啊！」普照有些絕望地喃喃念道。

這時，一陣急風高浪猛地向他們襲捲而來。

「普照，護住大師！以全力護住大師呀！」榮叡的高喊聲淹沒在急風浪高中。他只覺得大浪正用盡氣力要把他與大師分開，但他死命抗衡著。

然而，一陣波浪急湧之後，又來了一陣，榮叡整個人被衝開了，他拚盡力氣大喊：「大師！普照！」隨後眼前一黑，什麼事也不知道了。

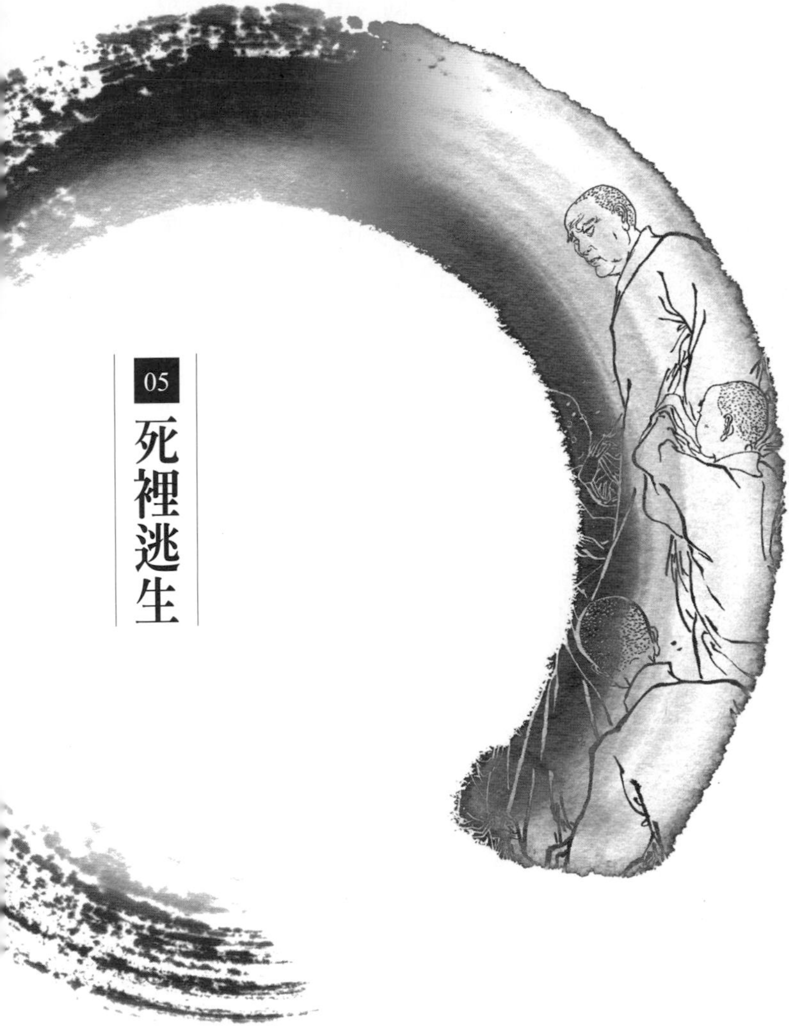

05

死裡逃生

榮叡感覺到有亮光像小利箭一般戳刺他的眼皮，他緩緩抬起滯重的眼皮，一下子又瞇上它；習慣於黑暗的眼睛，無法馬上適應陽光的照射。

過了好一會兒，他才記起不久前遭遇了狂風劇浪的侵襲，而大師……，大師不知道怎麼樣了？榮叡趕緊站起來，這時，他發現自己身在岸上，旁邊躺著一個個同伴，大都還昏迷著，而破損的船隻正擱淺在岸邊。

「大師！大師！」榮叡一邊喊叫，一邊不顧身體的疲乏，尋著大師的蹤跡。

同行的僧人思託跑了過來，問道：「有沒有看到師父？」

「沒有，請幫忙找一找。」榮叡急急地說。

「好的。」思託說著，馬上轉身要跑開。

這時，普照在不遠處叫道：「大師在這裡！大師沒事。」

「啊！還好沒事。」榮叡和思託欣喜地跑了過去。

他們看到大師正盤腿靜坐，所以不敢打擾。

榮叡小聲地問普照：「大師還好嗎？」

「看起來還好。」

「船上有部分的東西也被海浪打上岸來，裡面應該有吃的東西。對了，這麼冷的天，大師一身的濕衣服，穿久了一定會著涼的，附近又這麼偏僻，找不到人家借用乾衣服更換，只有找枯枝點火烘乾濕衣服了。」榮叡說著，便率先跑開，忙碌了起來。

普照、思託正要隨著去張羅時，大師睜開眼睛，問道：「普照、思託，其他人都還好嗎？」

「嗯……，有的還昏迷不醒，有的還在岸邊漂浮。」思託說道。

「那你們快點去幫忙他們，別只顧著我，我沒什麼事，只要休息一下就好。」

「是的，弟子知道了。」得到大師的指示，他們不敢怠惰，趕緊去援救同伴。

而大師在精神稍稍恢復之後，也起身去探視大家的情形。

救援工作進行得差不多了，思託不禁滿面愁容地對大師說：「師父，船隻被摧毀得十分嚴重，我們所攜帶的東西大部分都被海浪沖走了，看來東渡之行是沒有希望了……。」

大師微微笑道：「人生在世間，應該將逆境視爲當然。而且，我們能夠逃離險惡的風浪，已經很幸運了，不是嗎？對了，有沒有人受傷呢？」

「沒有。」思託答道：「大家都很好，而且我們一一數過人數了，十七名僧人，八十五名工匠，一個也沒有少。」

「這眞是不幸中的大幸啊！只要人好好的，前往日本的計畫就必然能夠達成。至於船隻毀損了，可以修復，物品漂散了，可以再準備。思託，你明白由心念來轉變逆境的道理嗎？」

思託想了想，說：「是不是說，當我們遇到逆境，不要只看到它痛苦的一面，而必須去發現它積極正面的意義，並且心存感激；因爲逆境不但以痛苦磨礪了我們，甚至還可能爲我們帶來轉機。」

大師微笑著點點頭，接著說：「明白了這個道理之後，更要修爲自己，從生活中實踐。實踐畢竟很困難，人們常常懂得某個道理，卻不見得能夠做

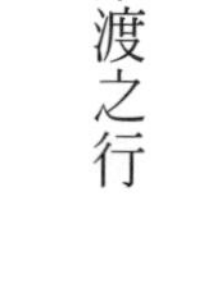

到。」

「師父，我一定會盡力修持的。」思託恭敬地說。

「大師，大師。」這時，榮叡一邊叫道，一邊走了過來，「大師，您還好嗎？」

「我很好。」

「我們找到了一些沒有被海浪沖走的甘蔗以及蜂蜜，也撿了些枯枝生起火來。請大師先暫時充充飢，並把衣服烘乾，免得受涼。」榮叡說。

「好的。」大師才走幾步，又停了下來，問道：「那些畫師、刺繡、鑄寫、鐫碑等工匠，還有船伕們，是不是也請他們用齋了！」

「已經請過了。」

「還有，也要幫著他們盡快把衣服烘乾。」

「是的。」

當僧人、船伕及工匠們正以簡單的食物充飢時，由於漲潮的緣故，海水漸漸漫上岸來。然而，因為他們所在的位置，是一個地勢稍微高起的小丘，以致大家都沒有察覺。

一直到海水已經將小丘包圍起來，位於小丘較下方的幾個工匠才發現。

「糟了，糟了！海水淹過來了。」一個工匠大聲叫道。

「是漲潮。」另一個工匠語氣中充滿驚慌。

「水勢好像愈來愈高了。」又有工匠喊著。

「怎麼辦？會不會淹過整個山丘？」

「眞該死，才逃過一劫，怎麼又……。」

正當這些工匠議論紛紛時，思託走了過來，「諸位大德，阿彌陀佛！大師請你們趕緊到地勢較高的地方避難，免得產生危險。」

「這小山丘恐怕一下子就要被海水淹沒了，我們是沒有地方逃了！」一個工匠說。

「不會的，也許就要停止漲潮了呢！」思託說：「還是請諸位大德到上方避一避。」

海水的升漲一時之間似乎沒有停止的樣子，眼看著洶洶波濤直逼丘頂，大

夥兒只有緊緊靠在一起，一步步往上擠退。

榮叡、普照和思託等人將大師擁到山丘的最高處。

「你們……，這是做什麼？」大師說。

「大師，您的安全比什麼都重要，不過，我們現在能做的，也只有讓您移步到山丘的頂端……。」榮叡的面色有著難掩的憂戚。

「眾生都是平等的，我的性命並不比任何一個人貴重，也不比一隻小螞蟻貴重。」大師說。

榮叡急急說道：「大師，還有許許多多的人等著您以佛法救他們脫離苦痛。所以，您的安全比我們任何一個人都來得重要。」

他們幾個人緊緊護著大師。

漫漫大水彷若還不肯放棄圍攻，附近完全找不到可以供人依恃漂浮的東西，有些工匠及僧人慌亂了起來。

一個工匠大叫：「這是怎麼搞的，我今年是不是犯了水厄？一遇水就衝煞上了。」

「佛菩薩啊！請救救我吧！我家有妻小、老母……。」一個船伕則低聲求禱。

在這生死交關之際，每個人的面色都凝重而愁慘。

「大家不要懼怕。」大師清朗的聲音響起。

眾人不禁往山丘頂端望去。

「我剛才發現道航法師身旁有一塊石頭，」大師指指下方不遠之處，「石頭清楚地被畫分爲上下兩種不同的顏色，由此推斷，潮水應該只漲升到石頭那裡爲止，不會漫過山丘，大家盡量往上方靠緊，就不會有問題了。」

大師的凝定與細察，使眾人安心許多。

正如大師的觀察與推斷，潮水漲升到那顆石頭約莫一半之處便停了下來。

許多人或半身或及膝泡在水裡，天寒水凍，瑟冷直透全身；再加上先前在風浪中搏鬥的疲累尚未消除，又不曾好好進食，所受的煎熬如果不是親身經驗，實在難以想像。然而，大家得以在一波波災厄中安然無恙，大師不禁虔敬地合掌，感謝佛菩薩的庇佑。

06

困守荒岸

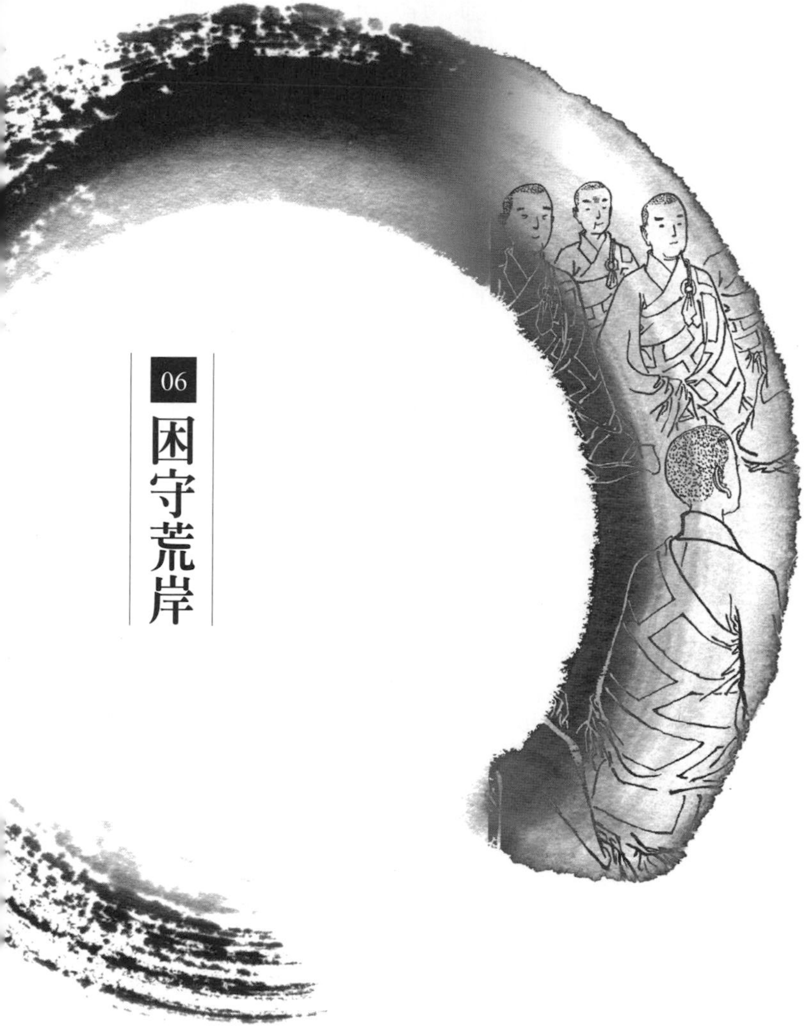

大師一行人一方面修理船隻，一方面等待順風的來到，好準備第三次出航。這時是唐天寶三年（西元七四四年）。

沒想到，一切就緒，船隻駛離海岸之後，竟然又遇上暴風雨，幸虧距離岸邊不遠，大家便拚命向陸地游去，總算都保全了性命。

上岸不久，眾人感到又餓又渴。然而，船上所有的糧食及飲水全部落入海中，大師於是請幾位弟子到附近尋找飲食。

兩個時辰過去了，去尋找食物及飲水的人，拖著疲憊的步伐回來。

「找到了沒?」一個工匠急不可耐地問道。

那些人無力地搖搖頭。

「連個小水塘也沒有找到嗎?」那個工匠絕望地說：「沒有糧食可吃，還可以忍一忍，沒有淡水可喝，沒多久就會支持不住了。唉！我眞不知道自己哪根筋不對，竟然會跟著你們出海……。」

「是啊！是啊！我出海之前，妻子一再阻攔我，說海上多凶險，我偏偏不聽，現在可好了。」另一個工匠一邊嘆氣一邊說道。

許多人聽到這些話，也紛紛後悔自己踏上這趟東渡之行；有的人一臉怨懟，有的人喃喃罵著，有的人彼此發表議論，甚至某些僧眾，都懷疑起赴日計畫的可行性與價值。

一個僧人小聲地對另一個說：「早知會落到這種地步，我就不會來了。」

「是啊！這個計畫當然很有價值，但是可行性太低了，有太多的阻難與危險。」另一個僧人說。

「價值？把這麼多條人命犧牲掉，結果什麼也沒有做到，這叫作有價值？」之前說話的僧人一臉愁苦。

「你太悲觀了，我們還沒走到絕路呢！我想應該會出現一線生機的，或許一會兒就下起雨來，那就有救了。」

「也只有希望如此了。」

大家心思浮動，而大師卻一再默念著經文，顯得鎮靜而自在。

時間一點一點地過去，對於這些又餓又渴的人來說，一分鐘、一秒鐘都是難熬的。他們也毫無力氣到更遠的地方，尋求協助。

到了第三天，不少人已經奄奄一息了。榮叡及普照隨侍在大師身旁，擔心他會支持不住，然而大師儘管嘴唇乾裂、面色蒼白，還是十分篤定。

近午，海面上出現了一艘船隻的身影。

「普照，你看，海上好像有一艘小船。」榮叡看到了。由於太過飢乏，呼喊的聲音非常地微弱。

「眞的是船！眞的是船！」普照叫道。

「而且還向我們這裡駛來呢！」榮叡說。

不久之後，船隻果眞靠近海岸，一名漁夫由船上下來。大家全渴切地望著他。

岸上僧眾們落魄的模樣，使得漁夫非常驚愕，「諸位法師……，你們……你們，這……到底是發生了什麼事？」

他們把遇難的經過簡單地告訴漁夫。

「原來是這樣呀！我因爲捕魚捕得疲倦了，才將船划到這裡，打算休息一下，沒想到，竟然遇到了你們，這也算是機緣呀！你們暫且忍耐忍耐，我立刻去張羅一些飲水、食物。對了，我船上有少量的飲水及乾糧，各位可以先潤潤喉、壓壓飢……。」漁夫說著，便快手快腳地自船上取下飲食，然後奮力划著小船離去。

「我會盡快趕回來，請大家千萬要忍耐。」漁夫在漸漸駛離的船上，對著岸邊大喊。

在眾人的期待中，漁夫運來了食物及飲水。大家都充滿了感激，對倍受飢渴煎熬的他們來說，這些平常的東西，如今就像珍寶一般。

「我到現在才發覺水的滋味是如此甘美。」一個僧人說。

「饅頭的味道也好極了。」另一個僧人口中咀嚼著饅頭，彷若他正吃著極品珍饈一般。

「我覺得，我好像在即將被打入十八層地獄的那一刻，看到了佛菩薩現身，指引我通往西方極樂世界的方向與路途。」又有一個僧人說。

至於榮叡及普照，則隨著大師大聲念佛，感謝佛菩薩庇佑他們絕處逢生，更祈求東渡之行能不要因爲這些艱困，而受到阻斷。

遭逢海難的第五天，突然有大隊官兵由陸上向僧人們落腳的海岸接近。大家不知道發生了什麼事，都紛紛議論著。

「怎麼會有官兵出現？」

「該不會是知道我們要暗地裡出海，而來捉拿我們的吧！」

「別盡往壞處想，或許是來幫助我們的呀！」

不久，官兵們來到僧眾的落腳處，一名官員模樣的人問道：「是鑑真大師一行人嗎？」

「是的。」大師迎向前，「阿彌陀佛！我就是鑑真。」

「大師，」官員打揖道：「我是明州太守。主管海岸的官吏那裡，接到一位漁夫報信，然後又上報給我，我才知道大師被困在這裡，因此特地趕來探視。對了，你們一行人爲什麼出海？」

在一旁的榮叡急急插嘴解釋道：「我們是要到天台山的國清寺，因爲陸路很危險，所以才走水路。」

「其實，海上的風險更頻繁、更可怕。大師，明州一地，有許多人篤信佛

法，也希望在修持上更求精進。我想代替這些人，請求您移駐阿育王寺，爲明州的僧人、百姓們講授戒律。至於國清寺那邊，是不是可以暫緩前去？各位遇到了這麼大的凶險，精神、體力都耗損許多，也需要有一段時間加以恢復。」

大師稍微思索之後，回答道：「嗯！這也是機緣，而且大家經歷了這麼大的險難，一時之間要他們再乘船出海，確實太無理了。好吧！我就先前往阿育王寺。」

大師移駐阿育王寺之後，開始在寺中講律授戒。不久，越州龍興寺的僧眾來到阿育王寺，邀請大師前去龍興寺。

天寶三年（西元七四四年），因大師在龍興寺解說律法、主持授戒儀式，使得附近的州縣，掀起一陣學律法的風潮。而杭州、湖州、宣州等地的佛寺，也紛紛延請大師前去開講。大師不顧疲累，風塵僕僕地巡遊各地，爲的就是把戒律推展開來。直到結束了各地的講學之後，大師才再度回到阿育王寺。

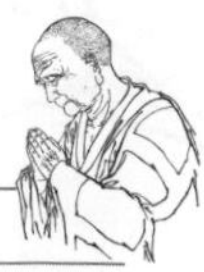

07

密告風波

這天，越州龍興寺裡，一位老婦人滿面憂戚地長跪在大殿上，不知爲了什麼事而不斷地合掌祈求。

白髮蒼蒼的老婦人，在長跪了許久之後，竟然不支昏倒在蒲團上。龍興寺的僧人發現了這個情形，立即將老婦人送到客寮歇息。過了好一陣子，老婦人才悠悠轉醒。隨侍在一旁的僧人詢問道：「這位大德，您覺得怎麼樣？」

「我……我怎麼了？怎麼會在這兒？」

「您剛才在大殿上昏倒了。」

「我……，唉！」

「您是不是有什麼事掛在心上？」

「我……我聽人說，鑑眞大師要渡海前往日本，我眞擔心哪！他年紀這麼大了，怎麼禁得起風浪的顚簸？況且，海上隨時可能發生危險，萬一，萬一……您知道，這裡的百姓都很需要他，希望他留下來，大家更不願意他遇上任何危險……。」

「所以，你剛才就長跪在大殿上祈求？」

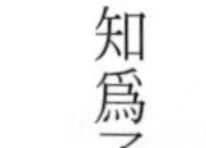

「是啊！法師，大師遠赴日本之事不是傳言吧！」

僧人搖搖頭，「不是。那是確實的事情。大師前陣子停留在這兒講律授戒時，我也聽說了這個消息，而且有人推測大師會決定到日本去，恐怕是受了他身旁那兩位日本僧人的引誘。」

「是啊！是啊！一定是這樣的。他們也許爲了某一種特別的目的，而鼓吹大師到日本去。不管怎麼樣，大師的年紀、體力都非常不適合做這樣的長途旅行，他們卻是硬要他渡海，這就不對了。」老婦人停頓了一下，又說：「法師，那麼，我們有沒有辦法阻止這件事？」

僧人思索了一下，答道：「我們可以告到官府去。」

老婦人急得雙手直搖，「這會不會把大師也牽涉到訴訟當中？」

「不會的。剛才我不是說了，是榮叡、普照那兩位日本僧人引誘大師的，大師是被害者。」

「這就好，這就好。」老婦人撫著胸口說。

僧人自言自語道：「我立刻去辦這件事。」

老婦人喜出望外地說：「太好了，太好了。不過，」她又不放心地叮囑：「您向官老爺報告時，可千萬要說清楚，別讓大師蒙上一點點不白之冤哪！」

「您放心吧！我會說清楚的。」在僧人一再地保證下，老婦人才安心下來。

僧人果真在當天就趕往山陰縣的縣尉府邸，求見縣尉大人，指出榮叡與普照蓄意引誘鑑眞大師偷渡到日本。縣尉聽到這番說詞，也不詳細詢問事實的緣由、經過，立刻派人將兩位日本僧人逮捕。榮叡與普照不明原由地被捕，縣尉沒有經過審問，就以對待犯人的方式，將兩位留學僧套上重重的枷鎖，準備押送長安，由朝廷處理。

在啓程前往京城的路途上，榮叡看押解著他們的官差頗爲和氣，便向他問道：「官爺，我們究竟是犯了什麼罪？又到底要被送往什麼地方？」

「你們會不知道自己觸犯了什麼律法？」

「我們確實不知道。先前被捕時，我問過那些官爺，沒有人肯回答我，而且之後也沒有開堂審理……。」

「你們引誘鑑眞大師偷渡到日本，這番所作所爲，自己哪有不知道的道理？」

「引誘大師！」普照大叫：「眞是冤枉哪！」

「沒有一位犯人不爲自己喊冤的。」官差說。

「我們確實沒有引誘大師。」普照憤憤不平地說：「這回又是誰誣告了我們？」

「一切等到達京城，經由審訊，你們再說個清楚吧！我的責任只是把你們安全地送到京城，其他的並不屬於我的職權範圍。」

套著沉重的枷鎖，榮叡和普照很快就覺得手麻腳軟，行進困難，幸虧官差經常讓他們歇息。

在休息當中，普照不禁頻頻對榮叡抱怨道，他們實在沒必要做這種吃力不討好的事。榮叡卻一再勸慰普照，爲了興盛日本的佛法，再大的險阻也要突破，再深的痛苦也要承受。

「你看看，大師年歲這麼大了，他都有心前往日本弘揚佛法，我們怎麼能臨陣退縮呢？雖然我們現在遭受誣告，但我相信事情一定會有轉機的。」聽了

榮叡的這段話，普照這才停止了抱怨。

至於大師在得知榮叡、普照被捕的消息後，不禁焦心地詢問弟子道：「他們爲什麼被捕？」

弟子搖搖頭，表示並不知情。

「那麼，知不知道被帶到哪裡？」

「好像是山陰縣縣尉的府衙。」

「好，我這就趕去那兒。」

大師來到山陰縣縣尉府衙。縣尉趕緊迎了出來，請大師進入府衙，以上賓對待。

「縣尉大人，我來這裡是爲榮叡、普照兩位日本僧人的事。」大師坐定後，合掌說道。

「他們……。」

「不知他們犯了什麼罪？」

「有人密報他們心懷不軌，爲了某種特別的目的，引誘您偷渡日本。」

「沒有這樣的事，他們並未引誘我。」

「這……。」

「請縣尉大人詳加審問，好還他們清白。」

「這……，我……我已經派人將他們送往京城了。」縣尉呑呑吐吐地說。

「沒有先在這兒開堂審理嗎？」大師微微吃驚地說道。

縣尉搖搖頭，然後急忙解釋道：「我想這樣的事情，由朝廷直接處理會比較妥當。」

「已經出發多久了？」

「好幾個時辰了。」

「這……。」大師無計可施，只好對縣尉說：「那麼，我先告退了。但是請大人一定要向朝廷說明他們兩人是無辜的，我可以爲他們的清白作證。」

「大師放心，我會的。」縣尉堆著笑臉答道。

於是，大師便返回寺中等待消息。

08

歷劫歸來

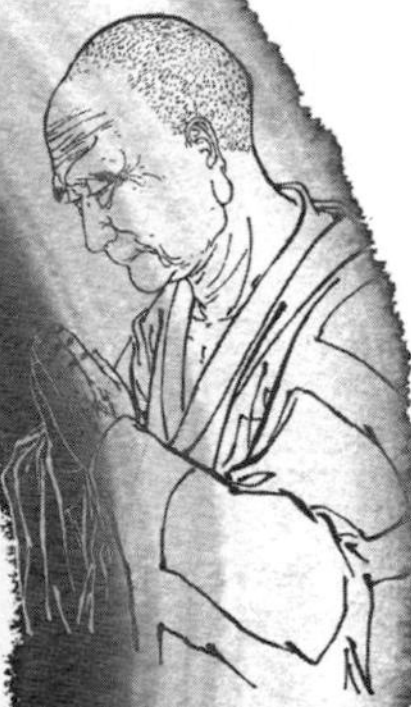

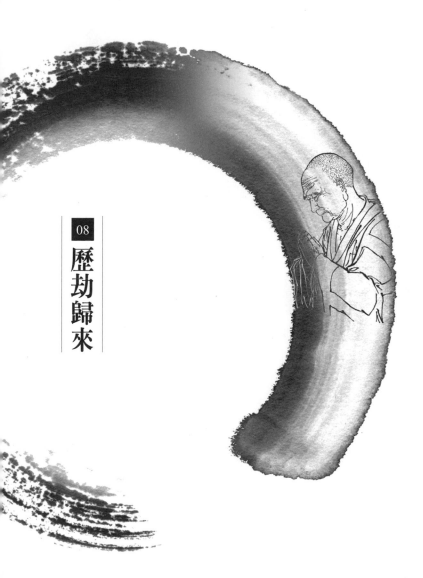

大師回到阿育王寺，始終掛慮著榮叡、普照的情形，並不斷念佛祈求兩人平安。

而官差則押著榮叡、普照，一路急急向京城趕去。

這天，當他們來到杭州時，天色已經晚了，便找了一家小客棧歇息。

夜裡，榮叡覺得身體不舒服，不但頭痛而且全身發熱，翻來覆去都睡不著。但是，他認爲自己可能只是受了風寒，不久就會好轉，所以儘管十分難受，也未曾驚動普照或官差。

沒想到，隔天一早，情況卻變得更爲嚴重了，不但頭腦昏沉，全身虛乏，而且一點兒也動彈不得。

官差早早醒來，立即催促榮叡、普照起床梳洗，好繼續趕路。然而，榮叡連說話的力氣都沒有，更別說起來行走了。

「官爺，我看榮叡是病了，而且病得不輕。」普照看了這個情況說道。

官差搖搖頭，「怎麼會碰上這等麻煩事兒呢？趕路也趕不成了。」

「官爺，能不能請大夫爲榮叡診治診治？」普照懇切地詢問。

「也只有如此啦！總不能眼睜睜看著他病勢加重吧！」官差有點莫可奈何地說。

大夫被請到客棧之後，仔細地診視著。

一旁的普照著急地問道：「大夫，他的情況怎麼樣？到底是患了什麼病？」

大夫緩緩說道：「是體力虛耗，再加上受了風寒，以致併發了肺部方面的疾病。」

「那……，會不會很難醫治？」普照問。

「的確是相當棘手，必須好好靜養，按時服藥調治，千萬不可以有一點點的勞累。」

「這……，可是我們要趕往京城呀！」官差有些急了。

「恐怕得先調養好，否則，性命可能會不保……。」大夫說著，便動手寫下藥方，交給普照。

大夫離開之後，普照向官差懇求道：「官爺，請想想辦法，讓榮叡能暫時留在這裡，把病治好。」

官差遲疑了一會兒，終於點頭說：「好吧！」

由於兩名日本僧人並不曾犯下什麼重大的罪狀，於是向官衙請假治病的事，很快就獲准了。

普照負起照料榮叡的責任，費神耗時地張羅湯藥、飲食，過了一段時間，榮叡的病才逐漸好轉。

爲了免除官司纏身，普照便向官衙假稱榮叡已經病死，而官衙方面因爲早已得到大師作證，說這兩位日本僧人是受人所誣陷，所以也不再加以追究。

榮叡的身體狀況趨於穩定之後，便急忙要趕回阿育王寺，求見大師。普照雖然先前對東渡計畫產生些許的動搖，但是他看到榮叡在生病期間，仍一心繫掛著這件事情，不時說起要盡速把病治好，好繼續未完的旅程；因此，他深深地被榮叡的這份堅定給感動了，決心和榮叡一起再次力促大師赴日。

他們趕到阿育王寺，大師看到兩人，十分地欣喜，並關切地問道：「兩位還好嗎？一路上一定受了不少風霜雨雪和委屈艱苦吧！」

榮叡搖搖頭，「再苦再累再委屈，我們都可以承受，只要能夠完成東渡計畫，一切的付出全是值得的。」

大師點點頭，「難得你們心意這麼堅定，既然這樣，我也絕對沒有退卻的道理。」

榮叡高興得流下淚來，「有了大師這句話，我就安心了，我就安心了。」

隨後，他們把被捕、中途榮叡患病及一路上的遭遇，細細說給大師聽。提到感傷辛酸之處，兩人都忍不住掉下淚來。見過榮叡、普照之後，大師立即喚來弟子法進，對他交代道：「法進，你盡快趕到福州，購買船隻、準備糧食，然後雇船伕沿海路前往國清寺。我和其他弟子隨後就會從山路向國清寺出發，到時候，我們便在那裡會合，再出海前往日本。」

「弟子遵命。」法進得了指示，很快地啓程趕路。

至於大師一行人，也顧不得當時正是寒冬時節，氣候十分惡劣，就著手準備踏上前往國清寺的路途。這是第四次的赴日計畫，時間仍在天寶三年（西元七四四年）。

09

大師被捕

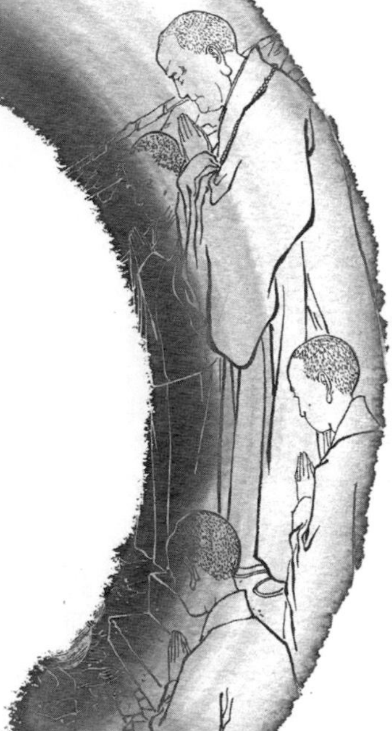

這天一早，一切都準備就緒。大師與榮叡、普照、祥彥以及思託等三十餘人，便出發趕路。

太守盧同宰和僧徒父老們，知道大師要離開阿育王寺，前往天台國清寺，十分地捨不得，一路陪著他們來到白社村寺，才告別回去。

大師等人在白社村寺歇息。白社村寺年久失修，顯得破敗蕭條，寺旁的佛塔也傾壞破敗。大師看到這番景象，非常地難過，便對當地的鄉民勸說道，每個人若能盡一點心意，有錢出錢、有力出力，把壞塔加以修理，整建一個較爲莊嚴肅穆的佛殿，這樣，佛菩薩才會有妥善的供養處，而這也正是對佛菩薩表達崇敬的根本。

鄉民們受到大師的感召，積極地展開整修佛寺、佛塔的工作，大師這才安心地離開。

當一行人來到台州寧海縣的白泉寺，天色已經轉黑，於是他們就在寺裡歇宿一晚。第二天清晨，吃過早飯，又踏上險峻的山路。

此時正是嚴寒的冬季，雖然是白天，卻顯得十分昏暗，天空又飄著大雪。

儘管他們都披上蓑衣、戴著斗笠，還是難以抵擋一陣陣有如利刃般的冷風，而不斷落下的雪花，更經常黏附在臉上，甚至模糊了視線。

「大師，您還好嗎？」榮叡攙扶著大師，一邊問道。

「我沒事。」大師微笑地回答。

「如果累了，我們就停下來休息一會兒。」一旁的普照說。

大師搖搖頭，「我們得在天色未晚，還能分辨出山路時，趕到歇宿的地點，否則摸黑走山路太危險了。」

突然，一陣狂風挾著飛雪襲來，眾人都連忙停下腳步，把頭低下，並用兩手緊抓著斗笠。然而，大師的斗笠卻被風吹走了。榮叡一發現，便撲撲跌跌地要與那暴風急雪爭奪斗笠。

「榮叡，吹走也就算了！別追了，這樣十分危險哪！」大師焦心地叫道，聲音卻被風雪刮得異常單薄。

榮叡踩著積雪，一腳高一腳低地奮力與風雪搏鬥，總算搶救下那頂斗笠。

「沒被吹走，沒被吹走。」榮叡高興地拿著覆滿白雪的斗笠走回行伍。

「普照師兄，先幫我拿著。」榮叡把大師的斗笠交給普照。

接著，他爲大師拂淨額頭的積雪，並解下自己的斗笠，爲大師戴上。

「這斗笠在雪地石塊上翻滾磨擦，有些破損了，大師就戴著這一頂吧！」榮叡說。

「不用這樣！不用這樣！」大師雙手直搖。

「應該的，應該的。」榮叡十分堅決，大師也沒辦法，只好接受了。

天色愈來愈暗，大家已經非常倦乏，隱隱的，從不遠處傳來山澗流動的聲音。

「啊！快到可供歇宿的地方了。剛才問過路人，那個人說越過山澗就有一座小寺院，今晚我們便可以在那裡落腳。」思託向眾人說。

「眞是太好了，大家打起精神來再趕一程吧！」普照向同伴們打氣。

不久，他們來到山澗之前。澗水還沒有被冰封凍，但石頭旁邊水淺之處已經結了一層薄冰。

思託先以手探探山澗，「好凍、好冷呀！」他即刻抽回手，並打了一個冷

顫。

「我先試試水的深度。」榮叡下了水，並向前移動幾步，「水深大約到膝蓋，應該沒有安全上的問題，但是水很冷、很凍，大家忍一忍，過了溪，到了小寺院以後就可以換上乾衣服，好好歇息一晚了。」

山澗並不寬，一行人很快就通過了。但打濕了衣服，再加上寒風嚴酷，眞是十分辛苦。然而，年過半百的大師始終未曾露出疲憊軟弱的模樣，因此沒有人敢說一個「苦」字，也沒有人半途退卻。

到達小寺院歇了一晚之後，他們又繼續趕路。經歷了山路險阻、風雪寒苦之後，他們終於到達了天台山的國清寺。大師會晤過寺裡的住持❶後，又經臨海、黃岩兩縣，再由永嘉郡一路來到禪林寺。

隔天一早，他們準備往溫州出發。還未踏出寺門，一名小沙彌慌慌張張地衝了進來。

「不好了，不好了，外頭……外頭……，有……。」小沙彌張口結舌地說不成字句。

正在與大師道別的禪林寺住持，對小沙彌說：「外頭怎麼了？慢慢說，不要著慌。」

小沙彌定了定神，才說：「有官……官兵……，好多的官兵。」

「可能又是對著我而來的。」大師說：「我出去看看。」

「大師。」思託阻止道。

大師以手勢示意眾人不要阻攔，鎮定而威嚴地走了出去，其他人也隨後跟上。

寺門之外盡是手執刀戟、面露肅殺之氣的官兵。他們見到大師一行人走了出來，立即嚴陣以待。

其中一個爲首的人大喊：「誰是那個叫什麼鑑眞的和尚？」

「我就是鑑眞。」大師平靜地答道。

那個爲首的人被大師的威儀震懾住了，但又不甘示弱，反而愈發顯出凌厲凶惡。

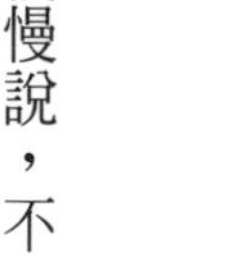

「你就是鑑眞！好，很好，非常好！」那人惡狠狠地下令道：「立刻用繩子把他給我綑起來，押回府衙。」

「大師，師父……。」眾僧呼叫著要護住大師，卻被官兵踢開或是推倒。

大師被緊緊綑住雙手，接著，官兵圍成十重人牆，簇擁著把他帶走了。

普照、榮叡和大師的弟子思託、祥彥等人，一點兒也不放棄地緊跟在後。

帶領官兵的那個人向思託他們大喊：「你們別跟了，再跟，我就把你們通通抓起來。」

「別再跟了，我不會有事的。」大師在重圍內叫道。

「就算被抓，我也要跟在師父旁邊。」祥彥說。

「是啊！」思託等人也說。

「好，那我就把你們通通抓起來。」官兵的領頭者氣沖沖地說道。

這時，路上的行人發現了重圍之內竟是他們一向仰慕的大師，紛紛虔敬地禮拜；他們沒有看清楚大師雙手被綑，還以爲官兵要護衛大師到哪兒去呢！

「官兵要抓走大師呀！」祥彥向路人喊著。

「爲什麼要抓走大師？」

「大師不可能犯罪呀！」

「放了大師，放了大師。」

「對，放了大師。」

行人們在議論紛紛之後，喧嚷了起來。

「你們通通給我滾開，要不然，我立刻把你們抓起來。」官兵的領頭者聲嘶力竭地大喊。

但是，人愈聚愈多，大家仍繼續要求釋放大師。

官兵們眼看鎮不住場面了，只好加快腳步，以刀戟衝出人群包圍，向江東道採訪使的府衙趕去。

來到了府衙，聚集的民眾多得數不清。官兵統領趕緊到府衙內，向採訪使報告這個情況。

採訪使出來一看，不禁嚇住了。群眾見到採訪使，更加激憤地要求釋放大師，採訪使怕生出大亂，也就下令讓大師自由離開。

百姓們歡欣異常，紛紛向大師禮拜，附近的居民還準備齋菜、物品，供養大師一行人。而榮叡、思託等人更是高興不已，唯有大師的弟子靈祐一人現出怪異的神色。

❖註解❖

❶住持：掌管一寺的主僧，亦稱方丈，有久住護持佛法之意。

10

天降甘霖

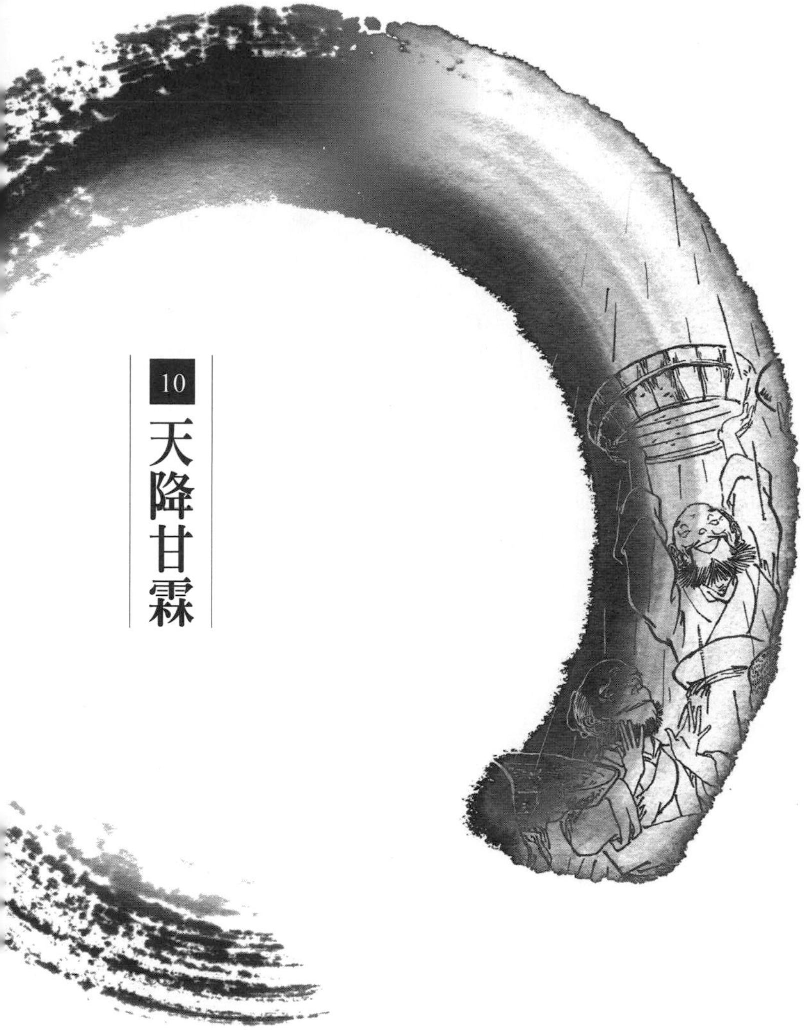

大師被官差逮捕，原來是弟子靈祐所引起的。

事情發生後，靈祐深深感到後悔不安，於是便向大師坦誠自己的過錯。

大師聽了不禁愁容滿面，「你說是你告到官府去的？」

靈祐戒懼地答道：「是的，我看師父爲了東渡而幾番勞力傷神，心中十分不忍。所以，就和幾個寺院的三綱❶商量後，一起到官府請願，希望能公開禁止師父出國。沒有想到，他們竟會用這種方式來對待師父！並且還把曾接待我們留宿的寺院三綱都拘捕起來，囚禁在獄中。」

「那……那些法師們現在如何？」大師知道還牽累了其他人，十分地焦急。

「弟子不知道，不過，我立刻去打聽。」

「快去吧！你不明白我的心志，讓東渡之事又起波折也就算了。然而，卻連別人也牽累了，叫我怎麼能心安呢？」

「弟子知道錯了，我立即去打聽消息。」

當靈祐探知各個寺院的三綱已經被釋放了，便趕緊回報，大師這才稍稍安心。

為了表示自己的悔悟，靈祐每天晚上都從一更站立至五更，不管風霜或雨露，六十天未曾間斷。

天寶七年（西元七四八年），大師暫時駐留在揚州崇福寺。榮叡和普照仍未放棄東渡計畫，由同安趕來禮見大師。大師於是決定第五次出海。

六月間，他們在揚州新河登船，到常州界狼山時，又遇上大風高浪，船隻在小島之間旋浮漂轉，情況相當險急，到了第三天，幸虧吹起一陣順風，將他們送到越州三塔山，再至暑風山，在兩地各自停留了大約一個月。

接著，他們又繼續出航，但船隻離開岸邊好一段距離之後，又遇上風浪。當大浪湧來，船隻就像被推上了高山，當怒濤退去，則像墜入了深谷，大家有如喝醉了酒一般，顛顛晃晃、搖搖盪盪，只能大聲念唱觀音菩薩聖號。

這次，他們仍有驚無險地自暴風急浪的魔掌下躲過。三天之後，船隻所經過的水域，處處可見體長大約一丈至五尺的海蛇，顏色斑爛耀目。又過了三天，大海的上空布滿了竄掠而過的白色飛魚。再經過三天，海面群集了許多像人一般大小的飛鳥，這些飛鳥不知爲了什麼紛紛飛落在船上，而且數量愈聚愈多，使船隻承受不住而漸漸下沉。

「唉呀！怎麼會這樣？大鳥全飛到船上來了，再繼續下去，船隻會沉的。」一名船伕叫道。

「大家幫幫忙，把這些飛鳥趕走吧！」另一名船伕吆喝著。

於是，大家開始試圖趕走飛鳥，但是反而被飛鳥啄咬。

「飛鳥會咬人呀！」一名被咬的工匠大喊。

「還是要趕走牠們，要不然船沉了，大夥性命就不保啦！」有人叫道。

在大家合力的驅趕下，飛鳥還是未散去，船隻眼看就要承載不住重量了。

「怎麼辦？」

「完了！完了！」

「大家試著全速划船，離開這片海域吧！也許牠們有地域性，經過了飛鳥所屬的海面範圍，牠們就會自動飛走。」大師在眾人慌亂喧騰時，篤定地說

道。

於是，大夥兒便奮力地幫忙划船，沒有槳的，就用手代替。大師的判斷果然沒錯，當他們費盡千辛萬苦，把沉重不堪的船隻划開之後，飛鳥也就紛紛飛離了。

不久，船上的飲水用完了，偏偏又離岸上十分遙遠，大家因此十分煩惱。由於沒有飲水可以煮東西，普照便只好發給每個人一點點生米，用來止住飢餓。大夥兒原本就渴得不得了，嚼著生米，根本就吞嚥不下，連吐出來都很困難。

有人耐不住了，急忙掬取海水喝下，未料不久之後，肚子就脹得難以忍受。

正當大家困坐愁城時，海面上出現四條海豚，大家不由得議論紛紛。

「先是海蛇、飛鳥，這會兒又來了海豚，不知道會發生什麼事？」

「這不見得是個凶兆，也許是個吉兆。」

「也只有希望如此了。」

海豚出現後，只是溫馴地徘徊在船隻四周。第二天，海面顯得相當平靜。僧眾們的飢渴到了極限，簡直已經頻臨死亡邊緣，然而榮叡卻顯得異常平靜，甚至面露歡喜的神色。

「我做了一個夢，夢見在我渴得無法忍受的時候，有人給了我如同乳汁一般甘美的飲水，喝下後，通體清涼。於是我對那個人說，和我同船的三十多人也好多天沒水喝了，他便喚來另一個人，對他說：『掌雨老人，快爲這些人送水來。』這是一個好兆頭，我相信飲水問題很快就會解決了。」榮叡向大家說道。

眾人聽了雖高興，卻也感到懷疑。

第二天下午，自西南方飄來一朵烏雲，覆蓋了船隻上的天空。

「是烏雲！是烏雲！」

「看來要下雨了。」

「是啊！一會兒就會下雨了。」

烏雲的到來，激起了一線生機。

不久，滴滴答答、滴滴答答，果然落下了豆大的雨珠，而且雨勢愈來愈大，人人仰著脖頸，讓雨水灌入口中，並雙手拿著盆碗，接起了雨水。

第二天，又下了一陣大雨，水荒總算是解決了。

船隻繼續向前航行，天亮時分，有人發現四周又有海豚的蹤影，彷若要為他們引領方向。

隔日，遠遠的一方果真出現陸地。船隻加速前行，來到了名喚泊舟浦的地方。

「我們還需要多貯備一些淡水，大家上岸去尋找水源吧！」普照說道。

當時正是十一月，他們上了岸，發現島上繁花似錦、綠草如茵，走了不多遠，便有一個小山岡，越過小山岡，立即看到了一汪明淨的池水。

「有水了，有水了。」他們競相歡呼道。

大家忙著搬運淡水，等忙得差不多的時候，也感到累乏了，於是便停泊歇息一晚。

第二天清晨，祥彥擔心船上的飲水還是不充足，就在開船之前，又領著一

些人去取水。

沒想到，他們回來時，手上的木盆、木桶都是空的。

「好奇怪呀！池水竟然不見了。」祥彥對大師報告道。

「咦？怎麼會不見了。」在一旁的思託忍不住驚疑地說。

「不知道呀！」祥彥說。

「嗯！我們的飲水應當足夠了，不應該貪求。」大師說。

「師父說得有理。」祥彥應道。

船隻再度啓航，航向不可測知的那一方。

❖註解❖

❶三綱：即為寺主、上座、維那，是寺院內最重要的三個僧職，掌管寺院的事務及統領僧眾。

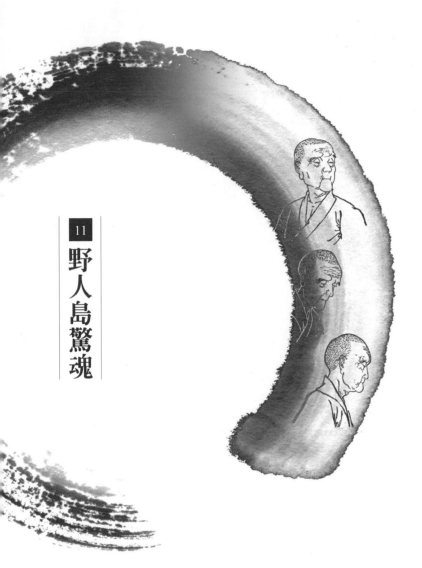

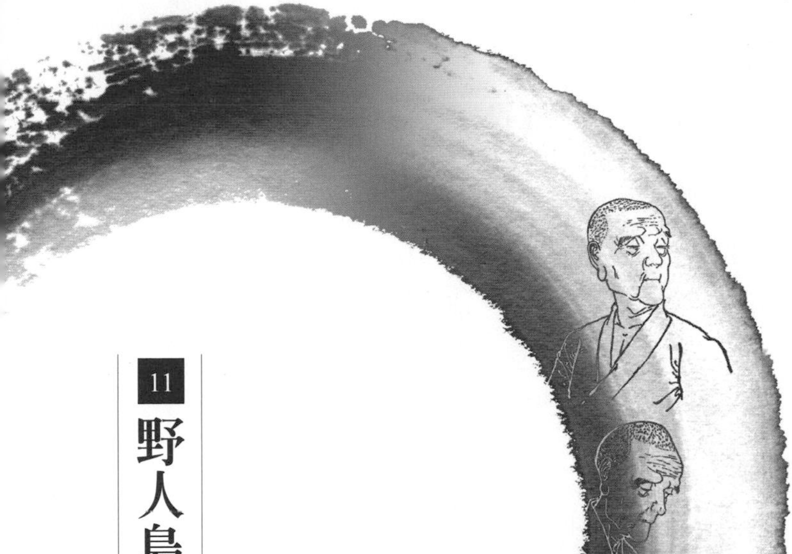

11

野人島鷲魂

船隻在茫茫大海中行進，由於米糧眼看就要吃完了，大家都默默祈求，希望快點靠近陸地。

這天，已是第五次啓航的第十四天。

「咦！大家快看，前方出現海岸啦！」有人在船頭喊著。

眾人聚集到船頭，爭相看著前方。

「眞的是陸地！眞的是陸地！」

「太好了，總算可以泊岸休息一下了。」

「對呀！還可以補充糧食、飲水。」

當他們靠岸後，大師派遣弟子思託、祥彥等人，登陸打探補給糧食的方法，卻不知這裡是一個野人島。

他們在岸上走了好一段時間，都沒有遇到任何人。

「怎麼都沒有人跡？」祥彥說。

「是啊！眞奇怪，難道這是荒島嗎？」思託四處張望。

「就算是荒島，也該有果樹吧！至少可以摘些果子回去。」祥彥說。

「嗯！我們到處找找，不過，大家不要分散了，因爲荒島上容易有危險，可能暗藏著猛獸。」思託交代大家。

他們一起尋找著果樹，然而過了好一陣子，都沒有找到。

「連果樹也沒有，怎麼辦呢？」祥彥說。

「再找一會兒，如果仍然找不到，我們就回去。」思託說。

「也好。」祥彥同意了思託的意見。

又走了不遠，前方的一棵樹在蔭蔭綠葉中隱隱可以看見鮮紅的果實。

「找到了！找到了！」祥彥大聲地叫了起來。

「大家快動手摘採果子，天色眼看就要黑了，我們必須在天黑前趕回船上。」思託說道。

「大家一起幫忙吧！」

當他們正聚精會神地採摘野果之際，不料，祥彥剛才歡欣的叫聲驚動了一個正在附近小憩的野人，他帶著亮晃晃的大刀，悄悄地向這一行人接近。

忙碌的僧人們，未注意到情況不對勁。野人一步步逼臨，臉上露著貪婪凶狠的神色，似乎恨不得立即將他們生吞活剝。

「應該差不多了吧！天都黑了，我們得回去了。」祥彥說著，轉頭往身後一望，正好看到散著頭髮、殺氣騰騰的野人。

「快！快逃呀！」祥彥發出警訊。

野人被發現，於是什麼也不顧地一刀劈過去，僧人們慌忙閃過，丟下野果拔腿狂奔而去。

野人一面發出含混的吼叫，一面繼續揮刀追趕，僧人們眼見快被追上了，性命就在旦夕之間。

「你們……，誰……快點跑到船上通報，叫船伕快點開船離開，我在這兒阻擋一陣子。」祥彥說。

「不行呀！太危險了。」思託拉著祥彥要跑。

「船上有更多的性命要保住呢！快呀！」祥彥說著便推開思託，轉身面向野人。

野人距離他只有幾步遠了，看見有人自投羅網，狂笑著撲殺而來。

就在這時，思託急中生智，把他所攜帶的一點食物拋給野人，然後拉著祥彥轉身就跑。

野人被丟來的食物擊中，怒氣大發，暴跳著要追上前，沒想到被落在地上的食物絆了一跤，整個人撲倒，一張臉就撞在食物上頭。食物的香味竄入鼻心，野人這才意識到那是可以吃的東西。他將食物拿起來嗅了一下子，便大口大口吃了起來，也忘了要去趕殺僧人。

僧人們逃回船上，向大師報告事情的經過。

大師隨即下了決定，「馬上啓航！大家把所有的燈火點亮，好讓船伕能順利開船。」

接著，大師又吩咐眾人把可食用的東西，全搬到甲板上，爲的是野人假若很快地追到岸邊，甚至呼朋引伴衝殺而來，可以將食物拋下，暫時扼阻一下攻擊，並趁機啓航離開。

船隻漸漸駛離陸地，島上並未傳來衝殺的聲響，也沒有看到野人的身影。等到距離岸邊相當遠之後，大家驚懼的心才慢慢安定下來。

12 大師染病

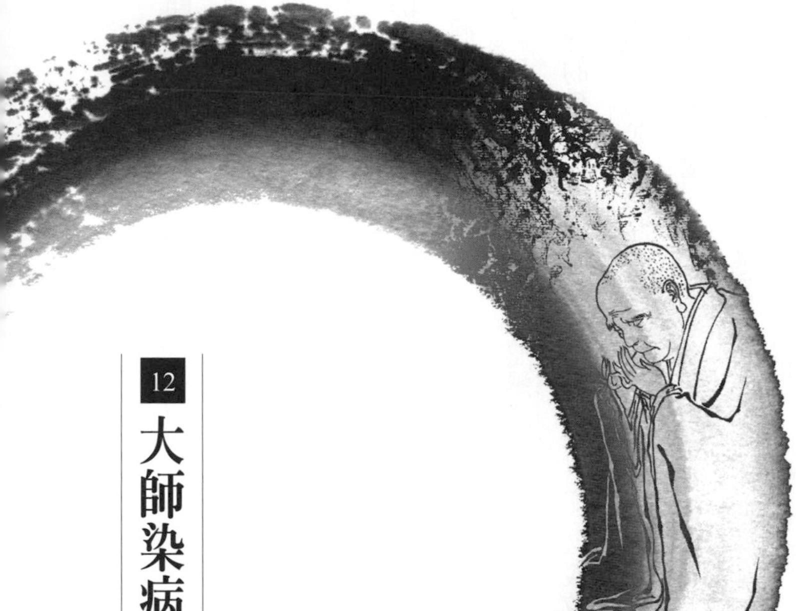

離開野人島之後，船隻經過三天的航行，在振州江口靠岸，由於當時航行技術不發達，出航後常會無法控制方向，以致漂向不可測知的地方，所以大師他們才會在中國南方登陸。

有人將大師一行人抵達的消息向郡守報告，官員馮崇債派遣四百多名士兵前來迎接。

當他們來到州城，馮崇債親自出城歡迎，並將大師請至家中，準備齋菜供養。隨後，又請大師講律授戒，並懇請他移駐大雲寺，大師也答應了。

大雲寺的佛殿因爲歷時久遠，處處盡是毀壞殘敗的痕跡。大師一看到這種情形，感到十分心痛。

「這供養佛菩薩的地方，竟然破敗成這等模樣。我該想想辦法，把佛寺好好修復。」大師說著，便進了僧房。不久，他就拿著幾件衣物出來，向弟子們說道：「我用不著這許多衣物。衣服，不過是要遮蔽身體，保持溫暖罷了！只要留下兩件較爲樸素的，可互相替換，也就足夠了。其餘的你們拿去典當，換了錢好整修佛寺。」

弟子們受到大師的感召，也紛紛拿出自己的衣物，願意為重建佛殿盡一份心力。

往後的一整年，大師及弟子們就為了修築大雲寺而忙碌奔走著，最後，新的佛殿終於整建完成。

隨後，馮崇債親自率領八百多名士兵，將大師一行人護送到萬安州，接著轉往崖州，一直到了州界，確定當地治安良好，沒有盜賊出沒，馮崇債才辭別大師，趕回振州。

大師在海南受到民眾十分熱烈的歡迎。由於崖州原本有一座寺院被大火焚毀，州大使張雲因而請求大師主持重建佛寺、塑造佛像的種種事宜，以廣度眾生。大師很高興地答應了。

在重建佛寺的這段期間，大師同時為當地民眾講授戒律，舉行授戒儀式。等到佛寺的工事結束之後，他們才乘船離開此地。

經過三天，一行人抵達雷州，附近各州的百姓得到消息，紛紛趕來迎送禮拜，從白天到深夜，人潮始終沒有斷絕。

雷州都督馮古璞親自準備飲食，供養所有的僧人，並請大師爲他和他所督管的七十四州官人，選舉試學人，授菩薩戒❶。

由於當地居民對大師十分崇敬，在盛情難卻之下，大師便在當地留住一年。

後來，廣州太守盧煥牒等官員要迎請大師前去，馮古璞親自送大師到登船的地方，依依不捨地拜別說道：「古璞與大師，一定會在彌勒天宮再次相見。」

他們乘船過梧州，進入端州，在龍興寺❷內暫住。

日本僧人榮叡竟然在此時去世了。

大師聽到弟子向他報告了這消息，起初是一陣愕然，隨後心中溢滿感傷，「榮叡自從來到中土之後，沒有一天不爲東渡傳法的事勞心勞神，如今他的志願還未達成，就這樣離開了……。」

大師趕往榮叡所在的僧房，榮叡平靜安詳地躺著。

普照流著眼淚向大師報告：「榮叡法師往生之前，還一直念著：『東渡傳法！東渡傳法！』在即將斷氣的那一刻，忽然變得十分平靜，喃喃說道：『大師一定會守信前去日本！大師一定會守信前去日本！』然後，榮叡法師就……。」

大師坐在床沿，執起榮叡冰冷的手，說道：「我會信守諾言的，我會信守諾言前往日本的。」

接著，他們爲榮叡念佛、做佛事❸。

榮叡圓寂之後不久，端州太守就將大師等人迎接到廣州大雲寺停留。三個月之後，轉至韶州禪居寺，住了三天，又被官員迎往法泉寺。

這天，普照求見大師。在禮拜之後，普照支支吾吾的，似乎有話想說又不敢說。

「普照，你是不是有事要對我說？」

「這……，」普照遲疑地答道：「我是來向您拜別的。」

「唔？你要離開？」

「是的。我想獨自北上，到明州的阿育王寺。」

大師點點頭，「你去吧！雖然不能一起完成東渡的志願而在這裡分別，是令人遺憾，但是你如果確知自己想做什麼事，就不需要顧慮什麼，好好去做吧！」大師拉著普照的手，又說：「這些日子以來，你也歷經許多勞苦，我對你的感謝是言語無法表達的。」

「大師……。」普照的眼中溢滿淚水。

大師再次慈藹地點點頭，表示明白普照的心意。

普照一再向大師拜別，才出發北上。

由於長途奔波，導致大師身體虛乏，再加上南方的天氣十分酷熱，在普照離開後不久的某日，大師竟覺有些不適，雙眼也不知什麼原因而疼痛不已，幾乎無法張開眼睛看東西。

剛開始，大師還以爲只是小病，很快就會自然痊癒，沒想到情況愈趨惡化，所有的日常作息都受到影響。這時，弟子們才發覺不對，趕緊去延請大夫。

❖註解❖

❶菩薩戒：授戒儀式中的一種，是眾戒當中的最高一個層次。受了菩薩戒，便要力行菩薩道，這是成佛的重要法門。

❷龍興寺：唐玄宗開元二十一年（西元七三三年），令全國州郡各建二大寺，號龍興寺及開元寺。

❸佛事：指在佛前舉行的儀式，又稱法會；或指超度亡靈的誦經儀式。

13

失明的打擊

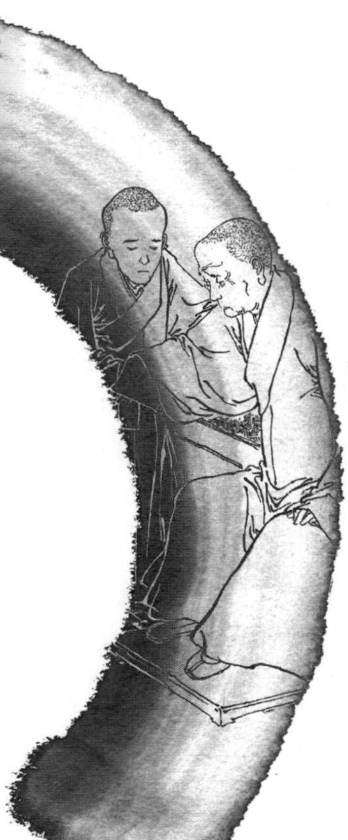

弟子們知道大師身體不適之後，立即趕去打聽附近是否有醫術高明的大夫，這倒使得大師患病的消息不脛而走了。

有許多崇仰大師的人們，因而急忙協助探問什麼地方有仁心仁術的醫生。

正當弟子們忙著找尋良醫之時，有一個胡人得到消息，來到了法泉寺。

迎接胡人的小沙彌問道：「阿彌陀佛！這位大德，您說要見鑑眞大師，可是大師最近身體不舒服，正在休養當中。如果方便的話，請大德過幾天再走一趟。」

「過幾天，怎麼能過幾天呢？」那個胡人神色慌急地說道：「我就是聽見大師患了疾病，才趕過來要爲他醫治的。」

「您是大夫。」

「是啊！我學得了一身好醫術，爲的就是濟世救人。況且，我一向崇仰鑑眞大師，一知道他生病了，我眞是急壞了，立刻趕過來。大師是身體虛乏、眼睛不適是吧！我對眼疾的治療最爲專精，請快爲我引見！這種病，一點兒也不能遲延。」

小沙彌聽了胡人的話，很快地通報隨侍在大師身邊的弟子們。思託立即迎了出來，將胡人帶到大師的僧房。

經過了一番診察，胡人退出僧房，向簇擁而來的僧人們說道：「你們這些弟子是怎麼當的？爲什麼沒有顧及到大師年紀大了，身體承受不住四處奔波的辛勞？」

「這……。」弟子們一時啞口無言。

「現在，大師就是因爲體力透支，再加上對南方燥鬱的天氣無法適應，所以才導致眼睛的不適。」

「請大夫盡力爲我師父醫治。」祥彥說。

「請大夫開最好的藥方。」思託也說。

眾弟子都拜請胡人全力治好大師的病。

「盡力治病是大夫的根本職責，我只是希望你們往後要多注意大師的身體狀況。」胡人說著，便開了藥方，讓僧人們去抓藥。

胡人離開後不久，前去延請大夫的弟子，帶著一位大夫回來了。這時大師已經安歇了，爲了不打擾大師，思託便向那位大夫說明原由，送他離去。

當大師一醒來，思託就送上煎好的藥，一口一口餵著他，再讓他臥床好好休息。

隔天清晨，祥彥爲大師送來早齋，並與照顧大師一整夜的思託輪替，讓他去休息。

思託走後，大師才轉醒。他翻了一下身，睜開眼睛，沒想到眼前竟是一片漆黑，什麼也看不見。

「誰在榻旁？是誰在榻旁？」大師的右手伸出床沿，在虛空中微微晃了一下。

「是我，祥彥。師父，今天早上您有沒有覺得好些？」

「眼睛是不疼了，精神也好了些，可是看不見任何東西。」

「看不見？」祥彥急壞了，「怎麼會這樣？怎麼會這樣？」

大師睜著雙眼，眼神空洞而呆滯。

「難道……難道……，昨天那個胡人是個庸醫，還是……。」祥彥著實亂了方寸。

「祥彥，算了，不要隨便猜測。也許我這個病，就算有再高的醫術、再好的藥，也醫不好呀！」

「可是……。」

「好了，就算從此眼睛看不見任何東西，但只要內心清明，也就足夠了。」

「不過……，這樣師父再也不能巡遊講學，更別提東渡弘法了。」

「爲什麼不能？你倒說說看。」

「眼睛看不見了，連走路都有困難，怎麼跋山涉水、奔走往返呢？」祥彥愁眉不展地說道。

「眼睛瞎了，只要準備一根木杖，就可以行走了。也許速度會慢一些，但日子一久，便會因嫺熟而漸漸有了進步。況且，還有你們爲我引路呢！所以根本不用擔心。」

「還有，師父以後再也不能閱讀經卷了。」祥彥又說。

大師微微一笑：「經卷盡在心中。」

「經卷盡在心中。」祥彥喃喃地念了一遍。

「扶我起來吧！早齋❶恐怕都涼了。」

「是！」祥彥小心地扶起大師，看著大師平靜的容顏，他的心情也不再像先前那麼激動了。

「經卷盡在心中。」祥彥又在心裡默念了一遍。

❖ 註解 ❖

❶早齋：僧人的早餐。

14 籌畫再次東渡

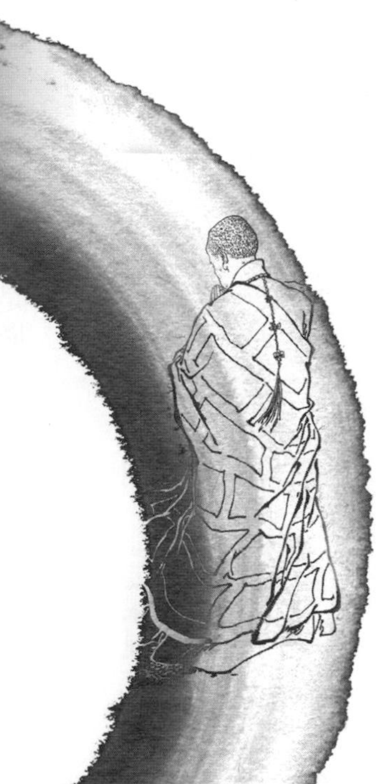

大師雖然雙目失明，仍然巡遊江浙一帶，孜孜不倦地宣傳教義，並受到民眾、僧尼們的熱烈歡迎。

後來，一行人返抵大師的故鄉——揚州。大師繼續在許多佛寺中講律授戒。

他們駐留在延光寺的期間，正是天寶十二年（西元七五三年）的年末，大師當時已經六十多歲了，但是廣布佛法的心志，並沒有減輕一絲一毫。

這天，寺外有一行人浩浩蕩蕩地來到，想要求見大師。原來，這些人是日本派遣來中國的使節，包括大使藤原清河、副使大伴胡麻呂和吉備眞備等人。

大師接見了他們，日本使節們都因大師從容大度的威儀，而心生崇敬。在頂禮之後，大使藤原清河恭謹地向大師稟告：「弟子等人在很早以前，就聽說您決心東渡日本，廣被佛法，雖然歷經了五次的失敗，心志卻更加堅定。今天，我們來到這裡，最主要的目的就是希望大師隨我們回國。我們有四隻船舶，船上行裝、食糧都十分齊全，只要您一答應，隨時都可以啓程。」

大師微微笑道：「我一直在等待合適的時機，再次前往日本，現在有了這麼好的機緣，我當然沒有理由拒絕。」

「師父！」在一旁的思託叫道：「師父，您的身體狀況並不是很好，而且眼睛又看不見，遠渡重洋實在是太危險了。」思託雖然了解大師的心志，卻實在很掛慮大師的身體，所以才會這麼說。

大師微笑著搖搖頭：「就因爲我年紀已大了，身體老朽了，才更不怕風險哪！況且，東渡一直是我心上最大的記掛……。我答應過榮叡、普照會前往日本，答應別人的事，怎麼能反悔呢？你們也知道，榮叡在中途去世，祥彥也在不久前過世，這兩個人都是爲東渡而犧牲的……。」大師說到這裡，神色變得十分黯然。

「不過，要是能因爲他們的犧牲，使佛法廣爲流傳，爲許許多多的人帶來全新的生活，那麼，他們不但不會有遺憾，反而會充滿欣喜呀！」

思託默不作聲。

「我已經老朽了，死亡對我來說並不可怕，我只想把握時間，去做應該做的、想做的事。」大師說。

於是，大師就與日本使節等人，約定好登船的地點與時間。

然而，大師在江浙一帶的聲望實在太過隆盛了。百姓們又經由傳聞，知道了他曾經五次赴日，途中遭遇許多凶險；爲了不讓他們景仰的人，再受到任何災厄，不論官方或民間，自大師回到揚州之後，就對他的行蹤、舉動非常注意，不願他再次出國。

這一回，日本使節藤原清河等人到延光寺去求見大師，消息很快地流傳開來。因爲這樣，大師等人也就無法公然地前去登船。

大師正感到焦心之際，他的一名弟子仁幹來到延光寺拜見他。

仁幹對大師說道：「師父，我聽說了你們預備東渡的消息，又知道百姓、官府由於顧慮到您的安全，因此設下十分嚴密的防護措施。但是弟子明白師父的心志，所以特別前來獻上一個計策。」

「你有什麼好方法？」

「我已經在江邊準備好一艘小船，只要在天色昏晦時分，暗暗前往小船定

讀者服務卡

感恩您對法鼓文化產品的支持。為了提供更好的服務，請您回覆以下的問題並直接寄回法鼓文化。我們非常重視您的想法，因為您的建議將是我們進步的原動力！

＊是否為法鼓文化的心田會員？□是 □否

＊□未曾 □曾經 填過法鼓文化讀者服務卡

＊是否定期收到《法鼓雜誌》？□是 □否，但願意索閱 □暫不需要

＊生日：________ 年________ 月________ 日

＊電話：(家) ________________ (公) ________________

＊手機：____________________

＊E-mail：__________________________

＊學歷：□國中以下□高中 □專科 □大學 □研究所以上

＊服務單位：__________________________

＊職業別：□軍公教 □服務 □金融 □製造 □資訊 □傳播

□自由業 □漁牧 □學生 □家管 □其它 ________________

＊宗教信仰：□佛教 □天主教 □基督教 □民間信仰 □無 □其它______

＊我購買的書籍名稱是：______________________________________

＊我購買的地點：□書店____縣/市____書店 □網路____ □其它____

＊我獲得資訊是從：□人生雜誌 □法鼓雜誌 □書店 □親友 □其它____

＊我購買這本(套)書是因為：□內容 □作者 □書名 □封面設計□版面編排

□印刷優美 □價格合理 □親友介紹

□免費贈送 □其它____________________

＊我想提供建議：____

□我願意收到相關的產品資訊及優惠專案 (若無勾選，視為願意)

法鼓文化 TEL:02-2893-1600 FAX：02-2896-0731

廣	告	回	函
台灣北區郵政管理局登記證			
北台字第11073號			
免	貼	郵	票

112-44

台北市北投區公館路186號5樓

法鼓文化

讀者服務部　收

寄件人：　□先生　□小姐

地址：　市　區鎮

縣　市區

路街　段　巷　弄　號　樓

□□□

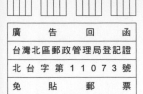

泊的地點，然後快速划向使節等待你們的地方就行了。」

「嗯！」大師點點頭，「這倒是一個好方法。大家都認爲我會由陸路趕往約定的地點，而我卻走水路，相信可以避開人們的耳目。」

「師父，那您預備什麼時候動身？」仁幹問。

「就在今天黃昏吧！」

「是。弟子立刻去把一切的事情布置得更爲周全。」

於是，大師換上輕簡的服裝，等待黃昏時刻來臨。

天色漸漸轉爲昏暗，仁幹帶著大師及其他隨行的弟子由荒僻的小路走向江邊。

幸運地，一路上並沒有被人發現。

「快！就在前面，大家再趕幾步路就到了。」仁幹在前頭輕喊。

到了江邊泊船之處，大師師徒正準備搭上小船的那一刻，沒想到不遠處傳來一陣錯亂的腳步聲。

「糟了！是不是大師離開延光寺的消息走漏了？」仁幹有些著慌地說道。

「我們快些上船吧！上了船、離了岸，一在陸上，一在水上，他們也就不容易阻擋我們。」思託說。

「師父，請您先登船。」仁幹說。

就在大師登上小船的時候，腳步聲已非常迫近，並間雜著呼喊聲。

「大師！大師！」

「大師，請等一下。」

「大師……。」

仁幹十分心急，「快呀！快呀！那些阻攔的人就要接近了。」

不久，追趕而來的人群抵達江邊，而大師的弟子們大半還未上船。

「怎麼是你們？」仁幹看到追來的人原是一群年輕的沙彌，不禁驚呼道。

這二十四位沙彌跪倒在地上，哭著說道：「大師，您今天就要離開中土，我們這一生恐怕沒有機緣再見到您，請您在離去之前，爲我們授戒。」

「可是，再遲疑下去，萬一被人發現大師的行蹤，一切的計畫就……。」仁幹神情緊張地說。

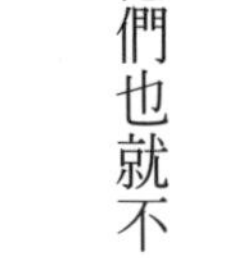

「大師！大師！」

「大師！」

二十四位沙彌切切地呼喊著，並且跪在地上不肯起來。

「不差這一點點時間，我這就爲他們舉行授戒儀式。」大師下了船，使二十四位沙彌的心願得以實現。

授戒儀式結束後，一行人在二十四位沙彌的祝禱聲中，登上小船。

小船漸漸遠離岸邊，向約定的地點駛去。

15 抵達日本

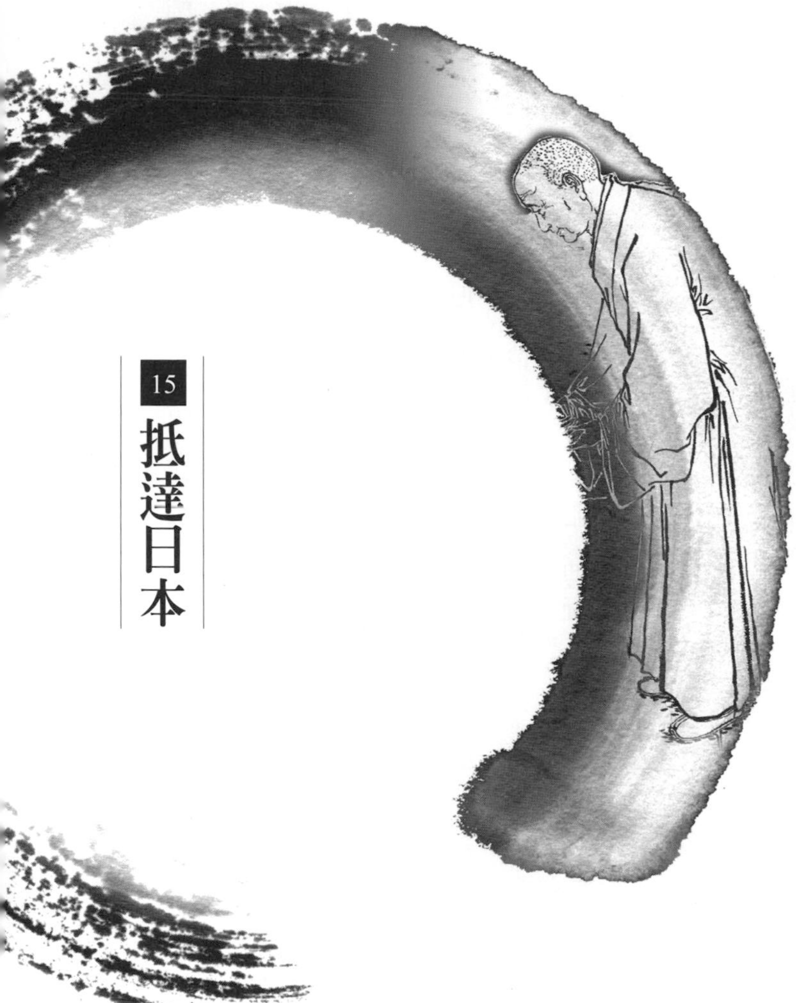

大師一行人搭著船，飛速地向遣唐使船隻所泊靠的地點趕去。

在抵達之後，藤原清河十分高興地迎接他們上船。

「大師，眞是辛苦您了。」藤原清河殷切地說道，並向其他僧人合掌行禮。「大家也都辛苦了，我立即派人將你們所攜帶的行裝，搬到船上來。很快的，我們就可以啓航了。」

這時，大伴胡麻呂向藤原清河說道：「大使，今天官府才傳訊我們，逼問大師要隨同我們返回日本這件事情是不是眞的？被傳問的人雖然一概否認，但官府方面絲毫不肯放鬆，甚至揚言隨時會上船來搜查。我擔心在開船之前，官兵眞的趕來搜查，那情況就會不可收拾了……。」

藤原清河沉吟道：「你的顧慮很對……。那麼，你以爲該怎麼做比較適當？」

「屬下以爲，這兩、三天是風聲最緊的時候，我們不應採取任何行動。等到官府方面稍微鬆懈之後，那時再趁著黑夜離開中土。當然，現在必須勞煩大師等人暫時下船躲避……。」

其他的隨從，都十分贊同大伴胡麻呂的看法。

而藤原清河在稍作考慮後，便點頭說道：「也好，就這麼辦吧！」

於是，大師等人被送往一處隱密的地方安置，幾天之後的一個深夜，才再度被接回船上。

大師一行人上了船，便靜待著順風以利開航。在這段時間當中，大家的心情都十分忐忑不安，深怕又發生什麼波折。

突然，靜謐墨黑的岸上，一陣細碎急促的腳步聲響起。

耳尖的人聽到了這不尋常的腳步聲，立即向大使通報。

「這……。大師，煩請您們快進入船艙內躲避，外頭就由我們來抵擋吧……。」

「等等，」大師屏息聆聽了一會兒，「不必著慌，來的人並不是官兵。」

「這……，大師怎麼知道？」

「官兵要來搜查，如果不是大張聲勢，就是不發出一點聲響，好來個出其不意。像現在這樣，只派遣一個人倉倉皇皇地前來，是沒有道理的呀！」

大使也細聽了一下，「是啊！的確只有一個人的腳步聲……。可是，到底是什麼人呢？」

不一會兒，岸上的人已經來到船邊。藉著船上的幽暗燈光，有人分辨出那是普照。

「是普照！是普照！」思託叫道。

「眞的是普照。」其他的人也叫著。

「是普照嗎？」大師微笑著念道。

普照上了船，向大師奔去，跪在他的跟前哭了起來，「大師……，我是普照。」

大師執起普照的手，「好了，起來再說，起來再說。」

思託攙起普照。

「大師，我一聽到您準備再次赴日的消息，立刻馬不停蹄地趕來。我原本以爲東渡的計畫不可能有轉機了，才會獨自北上。現在，一切又萌發出新的希望，實在是太好了，太好了。」

「我們原本預計在幾天前出海的，但是因為風聲很緊，所以沒有成行，也幸虧如此，你才能夠趕上我們。」思託欣喜地說道。

「啊！幸虧我沒有錯過這次機緣。」普照十分慶幸。接著，他又問道：「對了，大師，您的眼睛……。」

「看不見了。」大師平靜地說道。

「之前我也聽說了這個消息，但我一直不相信，希望只是誤傳。」

大師搖搖頭，「比起一出生就眼睛失明的人，我已經十分幸運了，能擁有六十年的時間可以隨心所欲地欣賞世間萬物。」

就在這時，船夫趕來向大使報告道：「大使，現在的風勢正適合開船。」

「那就快點啓航！」在大使的一聲令下，船隊浩浩蕩蕩地出發了。這是大師第六次赴日，時間是天寶十二年（西元七五三年）十一月。

經過長時間的航行，中途也備受風雨威脅，在日本天平勝寶五年（西元七五三年）十二月二十日正午時分，船隊中的兩艘船隻，包括大師所搭乘的那

一艘，終於在日本靠岸。至於另外兩艘船，則不知漂到了哪裡？

在船隻就要靠岸之時，大家的心情都十分激動！經歷了六次渡海的行動，以十二年漫長時間，才完成這項計畫，感觸當然更是特別深刻了。

「總算回國了……。」普照望著岸上的景物，喃喃念道。

「是啊！我們的辛苦並沒有白費。」思託說道。

「大師，榮叡如果知道了，一定會覺得很欣慰，也一定會因爲您的信守諾言，而十分感激。」普照說。

「這些原本就是我應該做的。」大師停了停，又說道：「你們爲我描述描述岸上的景物吧！」

「好的，」普照說道：「我們即將靠岸的地點是秋月灣，因爲是冬天，岸上的樹葉花草全都枯萎了。但是今天天氣很不錯，有一點淡淡的金黃色陽光，讓人感到很溫暖。」

大師微微一笑，「是啊！我也感覺到陽光了……。」

16 興建唐招提寺

大師一行人踏上日本國土，是在日本天平勝寶五年（西元七五三年）十二月。他們由難波、河內國前往京城奈良。一路上，之前由中土前往日本的僧人崇道曾來迎接供養，道璿律師也派遣兩名弟子來歡迎大師，並充當他們與日本人之間的翻譯；另外，志忠、賢璟等三十多名僧人，也都趕來問候。

在日本天平勝寶六年（西元七五四年）二月，他們到了奈良城外，附近的居民看到有高僧經過，都紛紛向他們致敬。隨後，孝謙天皇的弟弟安積親王，代表天皇將大師等人迎入城內，並引導至東大寺——這是當時佛教傳播以及行政的核心。

在東大寺，總負責人良辨帶著大師四處參觀。接下來的幾天，道璿律師、婆羅門菩提僧正前來慰問，宰相、右大臣等一百多名官員也陸續來到東大寺，向大師禮拜致敬。這使得東大寺人潮川流不息，熱鬧非凡，也顯示出大家對大師的崇敬，以及對唐朝的欽慕。

不久，吉備眞備帶著聖旨前來，大師等人恭敬地迎接，並聽候宣讀。

吉備眞備朗聲念出聖旨的內容：

具有崇高德性的唐朝大和上❶，遠渡重洋來到日本國宣揚佛法，這正是朕所衷心盼望的，朕的欣喜真是難以形容。朕建造東大寺已經十多年了，一直希望能設立戒壇，傳授戒律，並且日日夜夜都記掛著這件事。今天，大和上前來傳戒，真是與朕的心意相契合，從今以後，日本國受戒傳律的責任，就完全交託給大和上。

大師聽完宣讀，接下聖旨，也就接下了以戒律來傳揚佛法的重責大任。隨後，天皇又授予大師「傳燈大法師」的職位；「傳燈」兩個字，代表著傳播佛法的光明直到永永遠遠，而大師的弟子也得到應有的職位。另外，天皇還賞賜大師等人一批日用品。

這一年四月初，東大寺的大佛殿前立起戒壇。大師先後爲聖武太上天皇、皇太后、孝謙天皇、皇后及皇太子，授菩薩戒。接著，又爲四百四十多位沙彌授戒。而大師的弟子靈祐、忍基等八十餘名僧人，也捨棄舊戒，請大師重新爲他們授戒。

五月間，大師請良辨及佐伯今毛人，把一些由中土帶來的如來肉舍利等珍品獻給天皇。而大師所攜帶的經卷，如《華嚴經》、《大集經》、《大品經》、《禪門》、《諸經要集》等等，都受到日本僧人爭相借閱、抄寫；也因此，使得這些經卷能流布四方。

天平勝寶七年（西元七五五年）九月，戒壇院的四大天王像完工，十月十三日開始正式授戒，這是日本授戒制度的開端。

大師除了傳律授戒之外，並且講解佛法，也經常提及中國文化。日本各地的僧人因爲孺慕佛法及大唐文明，紛紛湧進奈良，由於人數太多，根本沒有地方可以收容。天平寶字二年（西元七五八年），淳仁天皇賜予大師「大和上」的封號，並下詔請大師卸下繁雜的寺院行政工作，專心講說戒律。寶字三年（西元七五九年），天皇賜給大師「新田部親王」的舊宅第，大師此時因爲沒有行政工作的干擾而比較清閒，便經常在那裡接見賓客。

一天，普照和思託拜見大師。思託向大師說：「師父，弟子有一個意

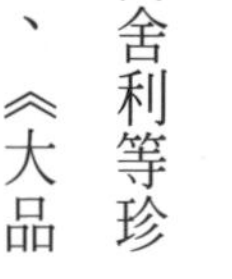

見。」

「什麼意見，你說說看。」

「我和普照商量過，覺得如果能將新田部親王的舊宅第，改建爲寺院，長期地傳播《四分律藏》，法礪《四分律疏》，《鎭國道場飾宗義記》以及《宣律師鈔》，相信能藉著傳律的力量，規範眾人力守戒行，日本國佛教也將因此穩定興盛。」

「嗯！這是個好意見。在天皇賜給我這個地方之前，中納言曾經請我到這裡看看環境。我雖然眼睛看不見，卻感覺到有一股清幽的氣息，我暗暗捧起地上的泥土嘗了一口，味道甘美清芬。當時，我就覺得這是一塊福地，十分適合建立寺院。」

「那麼，師父是同意了？」思託說。

「嗯！弟子當中有幾位對建築學有專精，也有對雕刻十分在行，工事的進行應該不成問題。」

「是的，我們立刻去召集這些師兄，宣布這件事。」普照及思託欣喜地說

道。

由於大師在唐朝講律說法期間，修造的寺院多達八十餘所，現在要建立寺院，當然具有足夠的經驗來規畫。

同年，寺院的工事完成，八月間，以私立寺院的方式成立了「唐律招提寺」。大師率領弟子搬遷進去，各地的僧人和崇信佛法的百姓，紛紛前來聆聽大師說法，並請教各種疑難。「唐律招提寺」後來簡稱「唐招提寺」，現在仍是日本一所極爲重要的寺院。

大師在唐律招提寺內，除了每天循序講解律法之外，對於熟悉漢語的僧人，也不斷爲他們說明中土的文物制度。漸漸地，日本佛教的戒律規範有了更多傳承的人，也慢慢具備嚴密的制度。

而大師雖然是律師，但他對天台宗也十分有研究。在東渡時，他帶來了《摩訶止觀》、《法華玄義》、《法華文句》等天台宗的經卷，並於唐律招提寺開講。這可以說是天台宗傳入日本國的肇端。

另外，大師和他的弟子與密宗也有深切的關係。他們從中土帶來的物品，

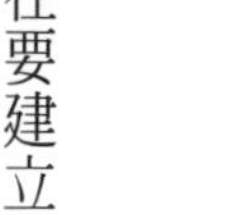

包括了密宗的繡千手相等尊相。

由此可知，大師不僅對日本戒律制度的建立具有舉足輕重的影響，在引導日本僧人與天台宗、密宗的接觸上，也有很大的幫助。而大師及弟子在漢學上的造詣很高，也間接提昇了日本漢文學的發展。

再加上，大師對於醫藥的相關草木也有很深的研究。當時日本國的人民並不會分辨藥草的功能，於是大師就以鼻子來辨別氣味，幫助他們了解藥草對疾病的療效。

大師對於日本國的影響，眞可以說是多方面且深遠的！

❖ 註釋 ❖

❶ 大和上：即大和尚。

17 不畏流言

在大師平靜的生活中，因爲大臣藤原仲麻呂的失勢，而起了小小的波折。藤原仲麻呂的兒子藤原刷雄曾到長安留學，使得仲麻呂對大師特別有親切感；再加上大師學識、修養高超，仲麻呂因而對大師十分推崇與支持。然而，仲麻呂卻在官場的波濤中被捲入底層，這使得大師失去很大的依恃力量，一些反對、批評大師的言論也因而經常出現。

一天，大師正在招提寺外的庭園靜坐沉思，忽然聽到不遠處有兩個弟子正大聲交談著，語氣中充滿了怒意。

「怎麼回事呢？」大師向身邊的思託問道。

「不清楚，我這就去問問看。」

不一會兒，思託回到大師身旁，稟告道：「他們說沒什麼事，並要我向您道歉，說打擾了您，很對不起。」

「隱隱約約聽到了他們提到朝廷、藤原仲麻呂……等等字眼。大臣藤原仲麻呂最近在朝廷中失勢的事，我也聽說了，他一向對我們十分禮遇，我正想拜見他，好好地勸慰一番呢！但是，政治上的起落浮沉本來就十分平常，出家人不應當因此大發議論的。」

「師父說的是。但是，藤原大臣一直很支持我們，現在他權勢低落，對我們會不會有影響？」

大師搖搖頭，「我們只要做好自己該做的事，又何必管到外界的起落變化呢？重要的是，保持自身心靈的清明潔淨，那麼，再洶湧污濁的波濤也對我們起不了任何影響。」

「是的，弟子明白。」

藤原仲麻呂的失勢，果眞使大師的地位受到動搖，甚至有些批評、反對的言論都出現了。大師的弟子聽到這些流言，都感到憤憤不平。

這天，又有人針對這件事發出議論。

「什麼嘛！竟然批評師父是個戀棧高位的人，眞是氣死人了。」

「還有更過分的呢！說什麼要拔除師父的勢力！」

「太可笑了，師父向來只有默默做事，從不主動要求什麼地位、勢力的呀！」

幾位僧人正熱烈而激動地討論著，完全沒有注意到大師悄然地出現在他們身旁。

「啊！師父。」過了一會兒，一位僧人才發現大師的到來，趕緊行問訊禮。

「師父……。」其他人也慌忙問訊行禮。

大師答禮完畢，和藹地問道：「什麼事這麼激憤呢？」

「是……是有人胡亂編派師父的不是，我們才這麼氣憤！」一名僧人答道。

「愛編派的人，便任由他們編派去吧！何必因此掛心、惱恨呢？」大師微笑著說。

「可是，他們實在太過分了！」

「是啊！他們一定是因爲您備受天皇及許多高官的崇敬而產生妒意，所以

到處散布對您不利的言論。」

「其實，我早就知道這種事情遲早會發生。」

「師父，您……您怎麼會知道？」

「你們想想，我們並不是本國人，卻受到比本國人更爲優渥的待遇，這自然會引起妒恨的。」

「可是您向來不求取名，也不求取利，能得到高官、大臣乃至天皇的禮遇，全是因爲您的胸襟、氣度、學養比人高一等，而不是您強要硬索的呀！」

「你們知道，爲什麼人必須一再地修行呢？」大師以平緩的語調問道。

「因爲……因爲人有許多劣根性。」

「應該說是人性本來純淨無瑕，但受到外在環境的影響，漸漸形成一些難以改正的習性。所以，爲了恢復本性，就必須不斷地修養自己，一次一次從那些不好的習性當中超脫出來。」大師頓了一下又繼續說：「修行並不是一件簡單的事，在這期間一定會遇到許多窒礙、挫折，但只要堅持下去，不斷地努力，最後就算達不到成佛的最高境界，至少也過了積極的一生。」

「師父，弟子明白您的意思。」一直站在大師身旁的思託敬謹地說道：「您是說，因爲人總是爲種種習性所綑綁，而且很難掙脫，所以別人若是做了什麼不對的事，我們必須以體諒的心去寬容他。」

「不只要以體諒的心去寬容，做爲一個佛弟子，更要回過頭來反省。除了修持自身之外，是否盡了力去幫助別人超脫種種不好的習性，積極地面對人生？」

「那就是要傳揚佛法了。」思託說。

「沒錯。」大師緩緩地說道：「別花心思去記掛別人做了什麼不對的事，把時間、精神用在推廣律法、宣揚教義之上，才是我們應該做的。」

這一席話點醒了許多人，也使得他們對大師的襟懷更爲感佩。

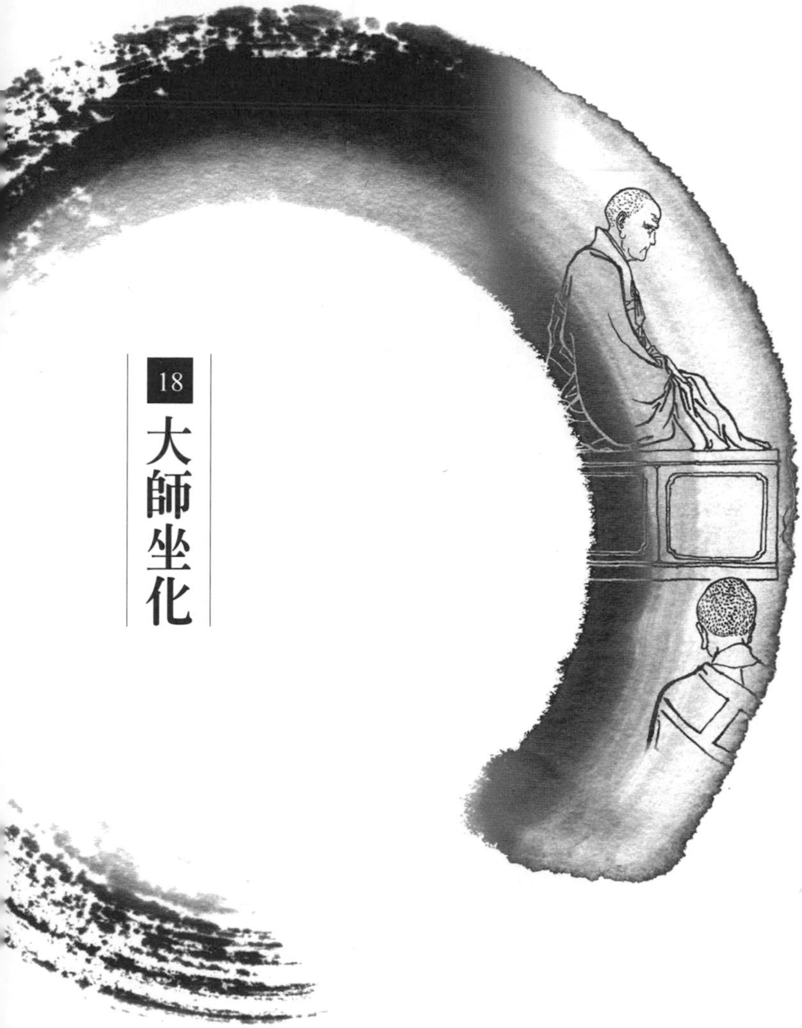

18

大師坐化

這天一大早，大師的弟子忍基心神不安地在庭中踱步。

思託看到了這個情形，便走近問道：「忍基師兄，怎麼回事？你看起來好像不太對勁。」

「我……。」

「到底有什麼事？你平常不會這樣心神恍惚的。」

「我……唉！還是不要說比較好。」忍基心煩意亂地攤攤手。

「好吧！你不想說就不要說吧！我去師父那兒了。」思託說著，轉身走了幾步。

「師兄……。」忍基在思託背後叫道。

思託回頭看著忍基。

「我……我還是說出來好了，但是……但我實在不希望這個預兆是眞的。」

「預兆？什麼預兆？」

「昨晚，我做了一個夢……，夢見寺院講堂的棟梁岌岌可危！我想去穩住

它，但是我還沒靠近，『碰』的一聲巨響，那梁柱……那梁柱就斷掉了……。」

「你是說，這是個不祥之兆，象徵著師父……。」思託的聲音顫抖得異常厲害，以致無法繼續說下去。

忍基輕輕地點點頭，臉上一片悲戚。

思託搖搖頭，再搖搖頭，喃喃念著：「希望不會這樣，希望不會這樣。」

「沒有人希望這預兆是眞的……。」忍基頓了頓，繼續說道：「不過，我有一個想法。我打算爲師父雕塑一座大師像。畢竟，他年紀也大了，隨時可能……。唉！總之，我希望師父的法相永遠留在人間，讓後世的僧俗也能濡沐在他的威儀仁澤之中。」

「我明白你的心意，我明白……。」

「那麼，我去把這個想法告訴其他師兄。」

思託點點頭，隨後叮囑道：「可是，就說是師父歲數已高，所以才預先爲他塑像，千萬別提及那個預兆。」

「我知道。」

「好了，我得去師父那兒了。」

「對了，師兄！請您多多費心照顧師父，留意他的健康狀態。」忍基殷切地說。

「我會的。」思託向忍基點點頭。

然而，儘管弟子們小心翼翼地照料，不過大師仍在天平寶字七年（西元七六三年）五月六日那一天，於打坐當中，安然地辭世了。這一年，大師七十六歲。

當弟子們發現了這件事，有的忍不住掩面哭泣，有的在大師面前長跪不起，有的則念佛誦經，寺院中到處充滿哀戚之情。

過了幾天，弟子們爲大師舉行了火化的儀式，許多景仰大師的僧俗，紛紛蜂擁而來。

大家都還難以接受這個事實，一張張悲戚的面容，凝視大師的遺體。有人克制不住情緒，撲倒在地，捶地哀泣著；有人不斷喃喃念著：「大師，大師

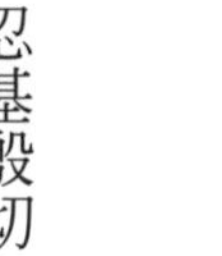

……。」有人則一再跪拜，直到雙膝腫痛也不停止。

當火焰逐漸自大師的身上燃燒起來，許多人更是情緒失控、倉皇悲泣。然而，隨著火勢愈來愈猛烈，一陣香氣竟慢慢升騰擴散。

這香氣彷若有撫平情緒的作用，使大家鎮靜許多。當然，人們也禁不住感到詫異，以致議論紛紛。

「哪來的香氣？」

「是火化大師而產生的吧！」

「啊！一定是的，一定是的。」

「大師的戒行與修持清淨圓滿，所以才會在火化時香氣四溢。」

熊熊的火焰之上，煙霧騰然而起。在煙霧當中，似乎隱隱浮現著大師的和藹面容，他以慈愛的眼神，注視、關照著天下蒼生……。

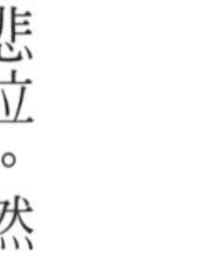

佛學視窗

- 時代背景
- 鑑真大師的貢獻
- 佛制戒律
- 律宗
- 鑑真大師年表

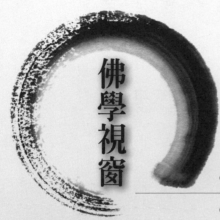

時代背景

大唐的盛世，從「貞觀之治」開始，經歷唐帝國版圖最大的「永徽之治」、專政的「武則天時代」、睿宗與中宗兩度「復辟」的過度時代，一直延續到「開元之治」，擁有一百多年的黃金時代；尤其在玄宗開元、天寶年間，更是唐朝的全盛時期。鑑眞大師（西元六八七～七六七年）一生正處於這一個顚峰時代。

唐朝的政治、社會、經濟、文化

唐朝能維持一百多年的黃金盛世，這完全得力於完整的政治制度。就官制而言，是承襲隋朝的體制，以中央政府總攬全國大政，明確畫分中書、門下、尚書三省職權（相當於今日的立法、監察、行政）。再就軍事制度來看，則沿襲了北周府兵制，使國家既能節省養兵的費用，又可以避免將帥專權。在經濟制度上，唐朝實行均田制、租庸調法，使民間達到有田則有租、有丁則有庸、

有戶則有調的目標。科舉制度更是客觀地攬結人才。

武則天時代，宮中雖然發生一些政權鬥爭的現象，但她還頗爲關心民生疾苦，並提拔有識之士，使平民也有機會進入政壇，被唐代士大夫視爲德政。此外，唐朝佛教盛行，武后信仰佛教，大力提昇佛教地位，獲得佛教徒的尊敬擁護。由於佛教的安定力量，雖然幾經政治動亂，整體來說，在經濟、文化方面，仍能持續發展。

唐朝的佛教概況

唐朝以國家的行政組織來推行造寺、度僧和佛教禮儀，達成對宗教的管理與控制。因此，唐朝佛教具有強烈的國家性格，依戒律組成的佛教教團，在自治權方面，感受極大的迫害。唐朝嚴禁新的佛寺建造，嚴格管制佛寺數量。此外，六朝以來由於國家政治勢力的脆弱，故有私度僧的流行與僞濫僧的橫行，這是歷代爲政者頗感頭痛的事。到了唐朝，建立試經度僧的制度，嚴格實施戶籍和公度的宗教政策；持有度牒的出家人，可受到終身免除稅賦，專志於修道生活。持有度牒的沙彌，於成人後從戒壇受具足戒，進入大僧階層，由戒壇場所發給戒牒，以戒牒和國家的度牒兩種文書證明公度的出家身分。

唐朝佛教的國家性格，還表現在「沙門禮敬」的問題上。長久以來，南北對立的佛法與王法關係，在唐朝時期得到統一，順從了中國的傳統。唐太宗下令沙門須拜父母，另外，出家人不得自稱「貧道」，而須改稱「臣沙門」。由此可知，中國佛教已經完全擺脫印度式，而成爲徹頭徹尾的中國佛教。中國出家人不僅不擾亂家族制度的秩序及社會倫理，且進而以宗教立場加以支持，對於祖先的祭祀以及爲父母所作的追善佛事，便在凸顯中國的孝道精神。這樣的轉變，間接促使宋朝以後庶民佛教得以迅速發展。

在武后專政時期，命令佛寺設立悲田院，收容無依的孤兒及老人；並設立養病院，對病患施與醫藥的治療，經費由官府支付，管理與經營的責任則由寺院的僧尼擔當。另外，唐朝寺院也設有稱爲「無盡藏院」的慈善機構，若逢凶年，便對窮人施以無利息借貸，必要時更免費發放賑災，因而成了全然的社會救濟事業。

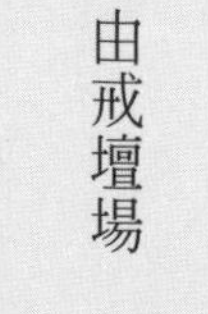

而六朝以來即有的「無遮大會」，是不分出家在家、貧窮富裕，均平等設齋的施食法會，到了唐朝仍然盛行不衰。此外，唐朝僧尼還大力爲一般居民施設治水及架構橋梁等社會事業。這些佛教的社會設施，充分表露了佛陀偉大的慈悲精神，這樣的精神也完全反映在「東征」、「傳燈」的鑑眞大師身上。

鑑眞大師的貢獻

鑑眞大師一生致力於戒律的弘傳，五十五歲時，更受日本遣唐僧的邀請，準備將戒律傳到日本，前後共經歷六次的出海，耗費十二年的光陰才到達日本，因此有「東征和尚」的尊稱。由於鑑眞大師的毅力，雖然歷經艱難，最後失明仍不改其志，南山宗的戒律終於傳入日本，使得日本僧眾能正式受具足戒。日本天皇爲了感念他的犧牲與貢獻，賜名爲「傳燈大法師」。

鑑眞大師在十八歲時，先從密教大師一行法師與道岸法師受菩薩戒，兩年後隻身至長安參學，二十一歲時跟隨南山宗的弘景律師受具足戒。依中國傳統，戒律雖有大乘戒與小乘戒的區別，但不論是大乘或小乘的出家眾，都必須守小乘具足戒，單持大乘戒並不被認爲是菩薩僧，鑑眞大師也不例外。

雖然鑑眞大師的著作都已經佚失，不過從史傳中仍可得知他曾講演道宣律師的《四分律行事鈔》七十餘遍、《四分律羯磨疏》和《量處輕重儀》各十遍，以及弘講法礪律師的《四分律疏》四十遍。對於大乘戒，他更是積極地傳授，並且對信徒們講說。他對菩薩戒的講解，主要是依據智周與法銑兩位法師的菩薩戒疏，而這註解又都是依據天台智者大師的《梵網經菩薩戒義疏》。另外，根據歷史的記載，鑑眞的老師弘景法師，曾經向天台宗的道素法師學法。因此可知，鑑眞的思想與所傳的菩薩戒，與天台宗淵源甚深。

鑑眞大師一生對社會教化有非常大的貢獻，在中國弘法期間，曾行經廣西、廣東、江西、湖南、浙江、江蘇等地，傳授菩薩戒，勸大家發菩提心，行菩薩行，不只淨化人心，同時也淨化了社會。鑑眞大師後來雖然不幸失明，仍然到處講律、授戒、建寺、造塔、修塔寺、救濟貧民，廣大的悲心與毅力，足爲後世的楷模。

鑑眞大師到了日本，除了爲日皇、百官授戒外，更依造唐朝寺院規模建築唐招提寺，供養十方僧伽，不論沙彌或比丘，一律平等供養。而大師所傳去日本的，不只是佛法而已，另外，他還帶了大批的文學、藝術作品，乃至生活上的衣食等用品送給日本，將中國的文化、建築、文學等輝煌的藝術傳揚海外。

總計大師一生曾抄寫《大藏經》三部、修造伽藍八十餘所、開無遮大會數場，布施袈裟三千領，講大乘、小乘戒無數次，受戒弟子多達四萬餘人，眞是名符其實的「傳燈大法師」。

佛制戒律

佛教的根本精神，是在於佛教弟子們對於戒律的尊重與遵守。凡是皈信佛教的佛弟子，不論在家或出家，一進佛門的第一件大事，便是受戒。因佛弟子有在家、出家的不同，佛教的戒律又分爲在家戒及出家戒。在家的信眾中，男眾稱爲優婆塞，女眾稱爲優婆夷，所應遵守的在家戒可分爲：三皈、五戒、八關戒齋及菩薩戒。出家眾中，男眾分爲沙彌、比丘，女眾有沙彌尼、式叉摩尼、比丘尼三階段。出家戒包括：沙彌及沙彌尼戒（十戒）、式叉摩尼戒、比丘尼戒、比丘戒，以及菩薩戒。

在家戒

●三皈依

皈是回轉、歸投，依是依靠、信賴。凡是回轉依靠，或歸投信賴的行爲，都稱爲皈依。佛教的三皈依，是指盡形壽皈依佛、法、僧三寶，不皈依天魔外道、外道邪說、外道徒眾。皈依三寶，是信佛學佛的基礎，要入佛門必須受三皈，日後受任何戒，也都要先受三皈。皈依三寶除了可求得現生的平安與快樂，最終目的，乃在回到三寶懷抱，走向解脫。

●五戒

盡形壽不殺生、不偷盜、不邪淫、不妄語、不飲酒。五戒是學佛的基礎，進入佛門後的在家弟子便應受持，所以稱爲在家戒。受持五戒的功德因人而異，可求得現生的安樂，也可得到生天的果報（但佛弟子不應求生天）；若發出離心，則可因此證得初果乃至三果。標準的在家佛弟子，都應當受持五戒。

●八關戒齋

一日一夜受持，是出家沙彌及沙彌尼所受十戒中的九條戒，其中⑴不殺生、⑵不偷盜、⑶不淫、⑷不妄語、⑸不飲酒、⑹不著香花鬘及不香油塗身、⑺不歌舞倡伎及不故往觀聽、⑻不坐臥高廣大床等八戒，是由此關口向出家之道，關閉死生之門，稱爲八關；再加上不非時食，稱之爲齋，合稱爲八關戒齋。

出家戒

●十戒

落髮出家成爲沙彌、沙彌尼所受持的十種戒。包括：⑴不殺生、⑵不偷盜、⑶不淫、⑷不妄語、⑸不飲酒、⑹不著香花鬘及不香油塗身、⑺不歌舞倡伎及不故往觀聽、⑻不坐臥高廣大床、⑼不非時食、⑽不捉持生像金銀寶物。

● 具足戒

出家戒的全部戒，男眾受持所有的出家戒，稱爲比丘，女眾則稱爲比丘尼。具足戒的內容，各律所說不盡相同，依據《四分律》則比丘有二百五十條戒，比丘尼三百四十八條戒。剃度出家成爲比丘（尼）之後，爲了個人的解脫及僧團的清淨，便應受具足戒，也就是持守全部的比丘（尼）戒。全部受持之後，便可到達阿羅漢果的階位而了脫生死，不像受五戒、八戒等，只是戒的一部分，而未具足全部戒。

菩薩戒

要做菩薩，必須先受菩薩戒。菩薩戒是一切諸佛成佛的根本原因，由於它涵蓋又超越一切戒，因此也稱爲「佛戒」。菩薩戒沒有成套及專門的律藏，自古以來中國先賢都是依據《梵網經》、《地持經》、《瓔珞經》、《善戒經》等條文摘錄成戒本。雖然各戒本所列的戒條都不盡相同，但其根本內容可以「三聚淨戒」爲代表，也就是將一切持律儀、修善法、度眾生的佛法，聚集而

成爲持守的戒律。更簡單地說，就是包括所有自度度人及上求下化的法門。

三壇大戒

我國特有的授戒儀式，分爲初壇正授、二壇正授，以及三壇正授三個階段。在中國佛教界，有意出家者，必須受足這三壇大戒，才被公認爲合格的大乘出家人。三壇分別爲初壇授沙彌、沙彌尼戒，二壇授比丘、比丘尼戒，三壇授出家菩薩戒。

律宗

三國曹魏嘉平二年（西元二五〇年），中天竺（中印度）人曇摩迦羅在洛陽白馬寺譯出了《僧祈戒心》及《四分羯磨》，中國開始有了戒律。此後數百年間又陸續譯出各種律部，其中《四分律》是在姚秦弘始十二年至十五年（西元四一〇～四一三年），由佛陀耶舍與竺佛念一起譯出，但到隋朝才有人弘揚。到了唐初，由於道宣律師的大力闡揚，因而成為中國律宗的唯一法脈。

四分律

鑑眞大師所闡揚的戒律爲《四分律》，是唐朝道宣律師所依據的根本律典，也是我國研究最多、弘揚最久的律，因此是漢譯律藏中最重要的律典。爲了方便分段，此將梵本分爲四夾（四段），後來便稱爲《四分律》。《四分律》與其他律典，都同樣是由波羅提木叉解脫部（戒條的來由、解釋）、犍度部（僧團的行事、制度）、集法毗尼（敍述佛教聖典編纂的情形）、調部毗尼和毗尼增一（將較微細的持、犯的具體情形加以組織、重述）這五部分組成。

《四分律》是在姚秦時由佛陀耶舍與竺佛念在長安譯出，雖然陸續都有出家衆講授、弘傳，不過直到唐朝道宣律師將之發揚光大，才從此成爲中國出家衆主要依據的律典。

南山宗

唐朝時期，戒律分爲南山宗、相部宗、東塔宗三派，鑑眞所學得的戒律是南山宗。所謂「南山宗」，是指道宣律師在終南山所建立的戒壇，主要採用當時天台、唯識的教義來解釋《四分律》，認爲小乘戒中包含有大乘戒的內容，而《四分律》也可通大乘，使出家眾都願意精進地持守戒律。受戒時，在自己內心中發生的一種堅固防止犯戒的力量，稱爲「戒體」，道宣律師認爲這是在第八阿賴耶識上所產生的種子。因此，此宗主張戒體是心法。

他並且認爲戒律是修行的根本，如果戒行清淨，定、慧自然可以建立。道宣律師以大乘教理闡揚《四分律》，成爲獨立的一宗，後來名爲南山律宗，在佛教界中自成一家之言。又由於受戒的儀式在戒律的發展過程中，始終是最重要的，因此道宣律師著有《關中創立戒壇圖經》，此經將中國佛教歷來的戒壇予以重新整理與規畫，爲設立戒壇樹立了良好的典範，成爲後來中國、日本受戒戒壇的依據。

日本的律宗

鑑眞大師爲日本佛教「奈良六宗」之一律宗的開祖，在日本佛教史上，有著極崇高的地位。

雖然鑑眞大師爲日本律宗的開祖，一般也以爲，唐玄宗時鑑眞大師東渡日本傳律，爲日本律宗的開始；事實上，在鑑眞大師至日本之前，善信尼曾赴百濟（今韓國）受戒，推古天皇的時代也有百濟的律師到日本。而天武天皇時代，更派道光法師赴唐學習律藏，返回日本後著有《四分律抄撰錄文》一卷。又有道璿於天平八年（西元七三六年）至日本，亦攜帶律宗章疏並講述戒律，使戒律思想顯著地流布。至於戒壇的設置、戒律的傳受，則爲鑑眞大師對日本佛教最大的貢獻。

鑑眞大師到日本時，已六十六歲，受到朝野舉國的歡迎和崇仰。天寶十三年（西元七五四年），他在東大寺大佛殿前建立日本的第一座戒壇，爲天皇、皇后、皇太子等四百四十餘人，傳授菩薩戒。此後又在大佛殿之西，設戒壇院，重疊三層，代表菩薩的三聚淨戒。

大師所傳的戒律思想，是站在《四分律》通大乘的立場，兼弘南山宗及相部宗的二家律學。由於大師在日本積極傳戒，自此，日本除了東大寺以外，並於筑紫觀音寺、下野藥師寺，各設戒壇一座，合稱爲天下三戒壇，舉行傳戒。日本律宗也因此正式開展流傳後世。

鑑眞大師年表

中國紀元	西元	年齡	鑑眞大師記事	相關大事
唐武后垂拱四年	688	1	出生於揚州江陽縣（今江蘇省江都縣）。	
長安元年	701	14	在大雲寺見到佛像而感動，跟隨智滿禪師出家。	
唐中宗神龍元年	705	18	從道岸律師受菩薩戒。	則天武后駕崩，中宗復位。
景龍元年	707	20	前往洛陽、長安參學。	
景龍二年	708	21	在實際寺依弘景律師受具足戒。	

唐玄宗開元八年	720	33	此後數年間，以揚州爲中心從事造佛、建寺、寫經、傳戒等活動。	
開元二十一年	733	46	被稱爲天下授戒大師。	日遣唐使來唐，日僧榮叡、普照一同前來求法。
天寶元年	742	55	日僧榮叡、普照至大明寺邀請東渡弘法。	
天寶二年	743	56	四月，因如海誣告，第一次東渡失敗。十二月，第二次東渡遇風浪，後獲救至阿育王寺。	
天寶三年	744	57	於越州龍興寺講律授戒。第三次出海未果，第四次東渡爲官吏所留而未成行。	

天寶七年	748	61	第五次由揚州出發前往日本，仍未成功。	
天寶十年	751	64	因勞頓過度，雙眼失明。	榮叡在端州龍興寺圓寂。
天寶十二年（日天平勝寶五年）	753	66	第六次由海道往日本，終抵日本太宰府。	
天寶十三年（日天平勝寶六年）	754	67	至日本東大寺，聖武上皇賜號「傳燈大法師」。爲日本天皇、皇后、公卿等授菩薩戒，亦爲出家眾授戒，爲日本登壇授戒之始。	
天寶十四年（日天平勝寶七年）	755	68	日本東大寺戒壇院建立。	安史之亂。

乾元元年（日天平寶字二年）	758	71	淳仁天皇賜予「大和上」稱號。	史思明叛變。
乾元二年（日天平寶字三年）	759	72	日本皇賜「新田部親王」舊宅第，建立唐招提寺。	
上元二年（日天平寶字五年）	761	74	在日本下野藥師寺、筑紫觀音寺傳三壇大戒，從此律法大興，成爲日本律宗始祖。	
廣德元年（日天平寶字七年）	763	76	五月六日圓寂。唐招提寺鑑眞大師像塑成。	安史之亂平定。

國家圖書館出版品預行編目資料

東征和尚：鑑真大師 / 周姚萍著；劉建志繪.
-- 二版. -- 臺北市：法鼓文化, 2009.10
面； 公分

ISBN 978-957-598-487-8(平裝)

224.515　　　　98016240

高僧小說系列精選 8

東征和尚——鑑真大師

著者／周姚萍
繪者／劉建志
出版者／法鼓文化事業股份有限公司
編輯總監／釋果賢
主編／陳重光
編輯／李金瑛、李書儀
佛學視窗／賴姿蓉
封面設計／兩隻老虎廣告設計有限公司
內頁美編／小工
地址／台北市北投區公館路186號5樓
電話／(02)2893-4646　傳真／(02)2896-0731
網址／http://www.ddc.com.tw
E-mail／market@ddc.com.tw
讀者服務專線／(02)2896-1600
初版一刷／1995年9月
二版一刷／2009年10月
建議售價／新台幣190元
郵撥帳號／50013371
戶名／財團法人法鼓山文教基金會—法鼓文化
北美經銷處／紐約東初禪寺
Chan Meditation Center (New York, U.S.A.)
Tel／(718)592-6593　Fax／(718)592-0717

法鼓文化